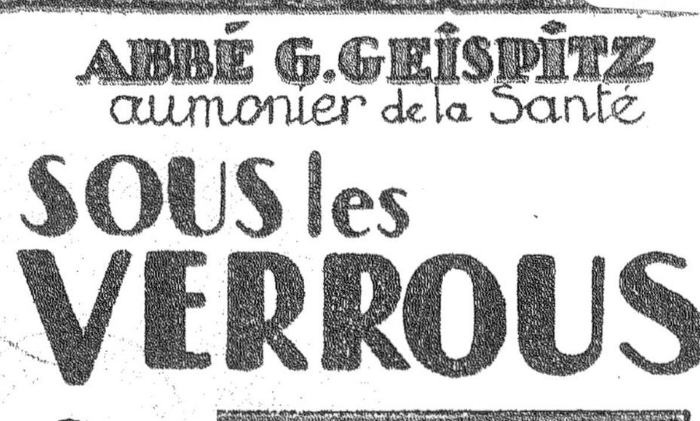

ABBÉ G. GEÏSPITZ
aumonier de la Santé

SOUS les VERROUS

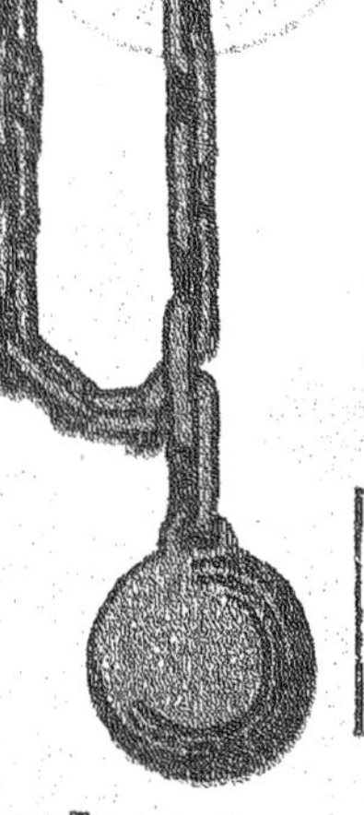

NOTES & SOUVENIRS
1906-1916

PARIS . 5 RUE BAYARD

Sous les Verrous

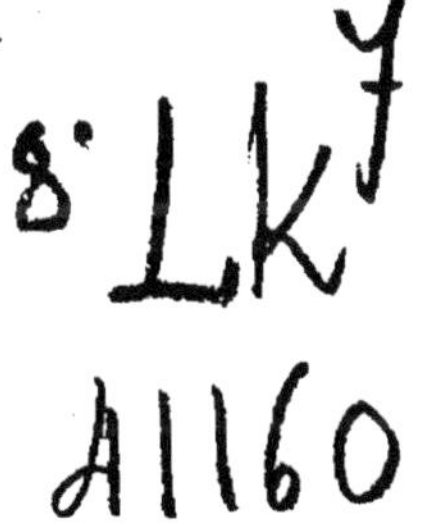

L'Abbé GEISPITZ
Aumônier de la Santé

Sous les Verrous

Dans les larmes et dans le sang

NOTES ET SOUVENIRS

PARIS
MAISON DE LA BONNE PRESSE
5, RUE BAYARD, 5

PRÉFACE

Ce livre, sans ornement, sans apprêt, presque sans souci délibéré de littérature et qui n'a d'autre charme que le premier de tous, le charme de la vérité, on le lira partout, d'abord d'un trait, pour sa saisissante attraction de curiosité et on le relira ensuite pour « l'humanitarisme » profond qu'il renferme et la grandeur morale qui s'en dégage.

Fruit d'une longue expérience, il se présente aussi avec les caractéristiques essentielles d'un bienfait social, car il serait, au besoin, un instrument puissant de réflexion et le soutien des âmes prêtes à faillir dans la tourmente des épreuves inséparables de la vie. Il nous enseigne à la fois la probité, le courage, la résignation et la foi dans la Providence. Il nous montre par des aveux émouvants, des remords sincères, tous les malheurs qui peuvent assaillir l'homme jeté dans les dissolvants de l'honnêteté. Il nous montre comment les facultés morbides, développées dans les aïeux, entraînent les descendants placés un jour dans une situation désespérée et comment l'âme, rendue à elle-même en présence de l'adversité, remonte nécessairement vers Dieu...

... Chaque jour, on peut le dire, l'aumônier, dans ses visites, se voit lancé sur une mer humaine aux fureurs contenues, aux

désespoirs réprimés... Le voilà, sa lourde clé à la main, circulant à travers les lacets de la prison... Observateur prudent et éclairé, rien ne lui échappe. Il étudie, il compare, il scrute... Il passe, apportant aux uns des encouragements, aux autres des exhortations, à tous les inépuisables ressources de la charité chrétienne.

Il assiste et participe à un choc formidable de sentiments contradictoires, d'intérêts et de passions exaspérées, d'élans loyaux vers lui comme aussi de feintes et de reculs. Mais combien de fois ceux qu'il a visités un premier soir et trouvés en révolte, l'invective aux lèvres, il les revoit bientôt éplorés et suppliants, il entend les accents d'une tendresse passionnée s'échapper d'une bouche d'assassin qui, huit jours avant, lançait l'insulte au destin et l'outrage aux hommes ! C'est alors un délicieux rayon de joie qui pénètre une morne solitude ; à l'âme inerte et froide du prisonnier, il apporte un peu de douce tiédeur. Les minutes, hélas ! sont mesurées et, bien à regret, l'aumônier dit : « Au revoir. »

Comment, me direz-vous, ces voleurs, ces meurtriers, ces traîtres à la patrie, ces intellectuels déchus peuvent-ils vraiment s'acheminer et revenir vers la pureté du sentiment ?

Eh bien ! oui, il suffit du verbe sacerdotal, si parfaitement communicatif quand il est exprimé par l'aumônier, pour jeter dans ces fanges une semence d'espoir, de repentir, même de clair bon sens. Ce germe presque inerte, surgit soudain, ou à la longue, après l'effort permanent et soutenu du prêtre, mais il surgit toujours, sauf chez les monstres-nés. (Sur les 41 condamnés que l'abbé Geispitz a conduits soit au poteau, soit à la guillotine, 4 au plus ont refusé les secours de la religion.)

Lorsque le prêtre apparaît dans le rectangle de la porte d'une cellule, le prisonnier s'épanouit et change aussitôt... Et quand, une fois assis sur l'escabeau de bois, après la poignée de mains, il entend cette parole insinuante et cordiale, une atmosphère de foi, d'espérance et de charité enveloppe tout son être... C'est ainsi que, du haut en bas de l'échelle sociale, en face de l'apache sanguinaire et farouche ou du gentleman raffiné et timide, l'aumônier exerce son ministère, sans jamais repousser ni froisser personne et sans rien céder de sa propre dignité.

Il sait passer au crible d'une solide analyse les modalités du malheur, épier la souffrance pour lui arracher ses secrets, la comparer, la scruter dans ses multiples expressions. Son expérience a saisi, dans le coudoiement du crime et des faiblesses, le mécanisme des émotions, et dégagé, par suite, les moyens de frapper juste, à l'heure opportune et au bon endroit, pour réveiller les bons sentiments endormis ou paralyser les mauvais instincts.

C'est ainsi qu'il est rarement dupe des simulateurs du repentir ou victime des adroits hypocrites dont l'astuce incline à obtenir, pour en profiter, la confiance ou la charité de l'aumônier. Celui-ci, du reste, discerne promptement s'il a devant lui une âme inerte et froide, des appétits grossiers, une nature vulgaire ou une brebis égarée digne encore du bercail. Dans cette dernière conjoncture, l'aumônier prodigue les trésors de son apostolat...

Dans son livre Sous les verrous, *l'aumônier de la Santé se révèle comme un moraliste convaincu de la nécessité d'améliorer la législation pénale. Sur des sujets qui sont à la base d'une restauration nationale bien comprise, et notamment sur les responsabilités de la société dans les crimes commis et sur la peine de mort, l'abbé Geispitz a écrit des pages dont la lecture fera méditer.*

LES EDITEURS.

AVANT-PROPOS

C'était peu de temps avant la guerre. Je descendais le boulevard de Port-Royal, quand je fus abordé par un vénérable ecclésiastique, ancien aumônier de prison.

— Cher aumônier, me dit-il, vous qui êtes à la Santé, dans ce foyer de toutes les misères, vous devriez confier au papier vos notes et vos souvenirs. En même temps que l'intérêt, le public, toujours si avide d'émotions et de curiosités, y trouverait un véritable enseignement.

Frappé par cette pensée, je me mis immédiatement à l'œuvre. La chose m'était d'autant plus facile que, par mon ministère, j'étais en contact avec les malheureux détenus. J'ai vu des condamnés primaires, des récidivistes, ces incorrigibles « chevaux de retour ». J'ai accompagné jusqu'au lieu du supplice (poteau ou guillotine) plus de quarante condamnés à mort. J'ai parlé à tous et tous m'ont dit leurs peines et leur désespérance.

J'ai pu constater bien des misères, recueillir des regrets sincères du passé et, pour l'avenir, des désirs bien vifs de hâtive réhabilitation. J'ai observé, par contre, la dégénérescence totale de malheureux révoltés contre tout ordre social, ne rêvant que vengeance contre leurs prétendus oppresseurs. Enfin, j'ai entendu parfois la plainte déchirante de ceux qui se disaient plutôt victimes que coupables. Et qu'on ne croie pas que l'âme de ces malheureux soit fermée à tout sentiment généreux. Un seul mot, la plus légère attention ont suffi bien souvent pour les gagner et les ramener.

Et c'est là le rôle de l'aumônier dans les prisons : instruire, implorer, prier, partager les angoisses du prisonnier et l'aider à porter sa lourde croix. Quelle joie et quel triomphe pour lui, quand, après avoir gagné son cœur, il parvient à le ramener au double sentiment de l'honneur et de la vertu ! Plus heureux encore, quand, à l'heure de la mort, pressant la croix sur ses lèvres tremblantes, le condamné avoue, dans les larmes d'un repentir sincère, les fautes de sa vie.

En présence d'un tel spectacle, je compris quel intérêt il pouvait y avoir à faire connaître l'état d'âme de ces infortunés, leurs regrets, leurs remords, et, mieux encore, les mauvaises fréquentations, les exemples pernicieux, etc., causes les plus ordinaires de tous ces désordres et de toutes ces révoltes.

Ce mot de *prison* éveille, à lui seul, toute curiosité, en même temps qu'il excite toute compassion. On voudrait savoir ce qui se passe derrière ces murs sombres et élevés qui cachent aux yeux du public nos maisons pénitentiaires.

C'est que le monde des prisons est un monde à part, où toutes les classes de la société se trouvent réunies. On y rencontre, plus que partout ailleurs, « l'image des variétés et des dissonances sociales les plus étranges ». Une prison est un séjour de peines et de larmes, « la pierre de touche pour éprouver un ami, un tombeau pour tout être vivant ». C'est aussi la demeure du coupable et de l'innocent, de l'apache et de l'honnête homme.

PREMIÈRE PARTIE

Dans les larmes

La prison sous toutes ses formes

Le Palais de Justice

Le Palais de Justice, où se trouvent réunis toutes les Cours de justice et les différents services qui s'y rattachent, s'élève sur l'emplacement d'un ancien château contemporain des Romains et qui, pendant de longues années, servit de résidence à nos rois. Ce fut Charles VI (1431), qui le céda au Parlement. L'entrée principale se trouve sur le boulevard même du Palais.

Des anciennes constructions, il ne reste plus que la tour de l'Horloge, bâtie par Philippe le Bel et qui forme l'angle du boulevard du Palais et du quai de l'Horloge. A remarquer les statues qui ornent son cadran, et qui sont l'œuvre du célèbre sculpteur, Germain Pilon.

Des deux tours voisines, celle dite de César fut vraisemblablement bâtie par saint Louis, et l'autre, la Tour d'Argent, doit son nom au trésor du roi qu'elle renfermait. C'est dans cette même tour que Blanche de Castille, mère de saint Louis, avait son oratoire particulier.

« Le côté du Palais, où se trouve la Conciergerie, a grande et belle allure. C'est un peu du Paris du moyen âge qui a survécu, un peu de la vieille ville qui est demeuré précieusement tel qu'autrefois, au milieu des nivellements, des changements, des démolitions et des reconstructions de la ville moderne. » (Géo Bouscron.)

La Sainte Chapelle s'élève au milieu comme « une radieuse vision d'art pur aussi ancienne que les figures de ses vitraux ; inspirée comme un des naïfs cantiques du moyen âge et symbolisant dans le palais de la loi moderne, de la procédure sèche, des discussions juridiques, la foi disparue des siècles antérieurs ».

Remarquons, à l'intérieur du Palais, la galerie Saint-Louis, avec la statue du monarque, œuvre du sculpteur Guillaume. Le roi rend la justice sous le chêne de Vincennes. Dans la salle des Pas-Perdus, les deux monuments de Malesherbes, magistrat célèbre et ministre de Louis XVI, et de Berryer, avocat célèbre, défenseur du maréchal Ney (1757-1841).

Le Palais de Justice a, lui aussi, son souvenir commémoratif de la grande guerre : sur une plaque de marbre, glorieux martyrologe, sont inscrits les noms des magistrats et des avocats tombés au champ d'honneur pour la défense du droit et de la patrie.

C'est dans le Palais de Justice, nous l'avons dit, que se trouvent les différentes Cours de justice ou tribunaux : la correctionnelle, les Cours d'assises, d'appel et de cassation, « dernier spécimen des Chambres de justice du siècle dernier, spécimen non dépourvu de majesté », et les assises où défile l'armée du crime, malheureusement toujours trop nombreuse.

Le Palais de Justice a connu toutes les scènes horribles du tribunal révolutionnaire.

C'est là, enfin, que se trouvent le Dépôt, la Souricière et la Conciergerie.

Le Palais, incendié en 1871 par les fédérés, a été complètement restauré, et la façade du quai de l'Horloge reconstruite dans son style primitif. Celle de la place Dauphine a été élevée sur les dessins de Duc. Plusieurs statues allégoriques en forment l'ornement principal.

De nouvelles et vastes constructions s'élèvent aujourd'hui au coin du quai des Orfèvres et du boulevard du Palais. Elles sont affectées, nous assure-t-on, aux différents services de la préfecture de police.

Rien de curieux et d'amusant comme les tribunaux de simple police où ivrognes, mégères et autres gens de même acabit défilent en rangs plus ou moins serrés, apportant chacun sa physionomie et son langage particuliers. On dirait une scène des tribunaux comiques. Aussi les curieux s'y montrent-ils chaque jour plus nombreux, heureux, disent-ils, d'y trouver un agréable passe-temps.

Le Tribunal de Commerce et la salle du Conseil des Prud'hommes se trouvent séparés du Palais de Justice par le boulevard du Palais. Leur décoration intérieure est non moins remarquable.

Nos prisons parisiennes

L'origine des prisons remonte à l'origine même des villes. Dès que l'homme eut compris le besoin de vivre en liberté, il posa des lois pour limiter les droits de chacun, en même temps qu'il créait des châtiments à l'égard de ceux qui enfreindraient ces mêmes lois.

Ainsi ont été créées les prisons de Paris. Déjà, dès l'occupation romaine, Paris en comptait une. Elle était bâtie sur un des bras de la Seine, à proximité du Pont-au-Change, sur l'emplacement même du marché aux fleurs et non loin d'une des portes de la ville.

On comptait autrefois, à Paris, plus de vingt maisons de force, répandues dans divers quartiers, principalement sur la rive gauche de la Seine. Des collèges, des palais, des abbayes servaient de prisons : Saint-Lazare, les Madelonnettes, la Force, Plessi, Montaigne, la Bombe, le Luxembourg, les Carmes, les Quatre-Nations, Sainte-Pélagie, Bicêtre, etc. Les massacres des Carmes et de l'Abbaye demeurent tristement célèbres dans l'histoire de la grande Révolution. Le nombre des prisons augmenta en proportion du chiffre de la population.

Jusqu'à ces temps derniers, on en comptait huit dans Paris : Mazas, Sainte-Pélagie, la Petite et la Grande Roquette, Saint-Lazare, le Dépôt, la Conciergerie et la Santé. De nos jours, trois d'entre elles ayant disparu, leur nombre se trouve réduit à cinq.

1° Les disparues.

Mazas. — La plus grande des prisons de Paris, à cette époque, passait pour être celle des gens « chic ». C'est à Mazas que furent écroués les otages de la Commune, au nombre desquels des prêtres et, à leur tête, Mgr Darboy, archevêque de Paris.

Maxime du Camp nous a laissé un récit émouvant d'une messe à Mazas : « Quel spectacle profondément impressionnant ! Un silence de tombeau, un silence angoissé règne partout. Il semble que l'on entend respirer et souffrir ces êtres malheureux enfermés dans leurs cellules. A quelques portes, les plus proches, on distingue des têtes, des visages blêmes, anxieux... Et, dans la lumière blanche, terne, baignant l'autel où s'imprécise la flamme des cierges, le prêtre égrène ses oraisons d'une voix pâle qui va se mourant dans le sourd silence avant d'arriver jusqu'aux cellules. Et lorsque, debout, tenant son aspersoir en main, il jette l'eau bénite vers toutes les cellules, on dirait qu'il donne l'absoute à des morts. »

Sainte-Pélagie. — Etablie en 1681, cette prison devenait définitivement, à l'époque de la Restauration, prison politique. A ce titre, elle a abrité sous ses murs bon nombre de nos célébrités politiques et littéraires... C'est à Sainte-Pélagie aussi que se purgeaient les délits de presse. Elle fut démolie en 1899.

N. B. — Sous le premier Empire (1811), le *Mont Saint-Michel*, en Normandie, devint prison permanente. Sous la Restauration (1817), la « Merveille de l'archange » était dénommée officiellement « Maison centrale de force et de correction ». Et ainsi jusqu'au second Empire. On y a relevé les noms célèbres de Blanqui, Barbès, etc., détenus politiques.

La *Grande Roquette*. — Etablie sur le XIe arrondissement, comme dépôt des condamnés à mort, elle est restée célèbre pour ses exécutions capitales...

A la prison de la Grande Roquette se rattache un des souvenirs les plus tristes de notre histoire nationale. C'est contre le mur de ronde de cette prison qu'ont été fusillés Mgr Darboy et les autres otages de la Commune. Mystérieuse et sublime destinée ! « C'est par le sang d'un martyr qu'ont été cimentés les fondements de ce grand siège de Paris, et c'est encore le sang versé de ses pontifes qui est venu en rayonner et augmenter la gloire. »

2° Celles qui restent.

Le *Dépôt* de la Préfecture de Police, autrefois « Prison de la Mairie », est la prison de tout le monde et comme l'antichambre des autres prisons. « Gouffre immense dans lequel sont jetés pêle-mêle des fournées de détenus de tout âge, de toute condition et de toute nationalité », il est aussi comme la « cour des miracles » de toutes les misères et de toutes les infortunes.

En réalité, le Dépôt présente l'aspect

d'une gare. Les voyageurs une fois inscrits sont dirigés sur les différents hôtels ou prisons de la ville : les enfants et les adolescents sont dirigés sur la Petite Roquette, les femmes sur Saint-Lazare et les hommes sur la Santé.

L'histoire du Dépôt s'est trouvée mêlée à celle de la Commune. C'est là qu'on amenait les otages avant leur transfert à Mazas ou à la Grande Roquette.

La *Conciergerie* ou « Maison de Justice » est la plus ancienne et la plus célèbre des prisons de Paris. C'est à la Conciergerie qu'étaient transférés les prisonniers qui devaient passer devant le tribunal révolutionnaire. On y voyait tout ce qu'il y avait en France de jeunesse, de beauté, de talents et de vertus. C'est à la Conciergerie encore que, sans autre forme de procès, furent écroués Louis XVI, Marie-Antoinette, le Dauphin, Mme Elisabeth, et autres personnages...

C'est à la Conciergerie que se trouve la trop fameuse salle des Girondins. Sous la Restauration, la Conciergerie était devenue le dépôt des condamnés à mort. Aujourd'hui, elle reçoit les candidats à la correctionnelle et aux assises.

A l'époque de la Commune, elle reçut les otages avant leur transfert à Mazas ou à la Grande Roquette. Après la Commune, un grand nombre d'insurgés ou de fédérés y furent conduits à leur tour.

Détail intéressant : Visitant la salle des condamnés à mort avec d'autres écrivains et penseurs, Victorien Sardou tenait à élucider certains points d'histoire restés jusque-là obscurs, ou tout au moins douteux :

— Que de désespoirs, dit-il, ont éclaté sous cette voûte ! Que de cris s'y sont fait entendre ! Que de larmes ont coulé sur ces dalles ! Les vaincus et les criminels de tous les partis ont passé par cette porte.

Et quand on lui dit que le seuil de l'ancienne prison avait été jeté dans les décombres comme de peu d'importance :

— Mon Dieu ! répondit-il, la France entière a franchi ce seuil pour aller à l'échafaud. Ce n'est que cela !

Pensée profonde et bien digne d'être méditée !

Saint-Lazare est la seule prison de femmes renfermée dans Paris. Tous les genres de détenues s'y rencontrent et s'y coudoient, depuis la femme du monde jusqu'à la fille des rues. Que de misères physiques et morales on y voit ! Laissée à elle-même et à ses passions, la femme a bien vite franchi tous les degrés de l'échelle sociale. Que d'âmes viles éprises du gain et du mensonge, comme de belles âmes le sont de la gloire et de la vérité, y sont hospitalisées !

Saint-Lazare n'a pas toujours été prison. Ancienne léproserie, tous les lecteurs savent qu'au XVIIe siècle elle devint le berceau et le siège de la Congrégation des Prêtres de la Mission, fondée par saint Vincent de Paul et destinée à l'enseignement des campagnes ; d'où leur nom de Lazaristes. Telle est, en peu de mots, l'histoire de la prison de Saint-Lazare, immense bâtiment aujourd'hui triste et sombre, à l'extrémité du faubourg Saint-Denis. Rien, dans cette prison, de monumental ni de remarquable, à l'exception de la chapelle actuelle des Sœurs, ancienne cellule de saint Vincent de Paul, qui y mourut en 1660 et y fut enterré.

C'est en 1789 que Saint-Lazare devint prison, après la dispersion des prêtres et le pillage de la maison par les révolutionnaires. Le siège des Lazaristes se trouve actuellement rue de Sèvres et le corps de saint Vincent repose dans la chapelle, où il est l'objet de la vénération des fidèles.

Avant de devenir prison exclusive des femmes, Saint-Lazare recevait des détenus hommes. C'est ainsi qu'elle a abrité les poètes Boucher et André Chénier, qui devaient porter leur tête à l'échafaud.

Le régime de Saint-Lazare est le même que celui des autres prisons. Le travail y est de rigueur plus que dans toute autre prison, les détenues ayant généralement horreur du travail. Toute infraction au règlement est sévèrement punie. Ce qui console et réconforte ces malheureuses, c'est la religion. Elles trouvent dans les bonnes Sœurs des amies dévouées et de sages conseillères.

La *Petite Roquette* est la prison des enfants et des adolescents. « Ses grosses tours lui donnent l'aspect d'une prison d'Etat plutôt que d'un pénitencier. » Située dans la rue de la Roquette, cette prison est, avant tout, une maison de correction. Le régime cellulaire est celui qui convient le mieux à ces natures ardentes et le plus généralement portées au mal. Triste milieu ! des enfants insoumis et vicieux, fléau de la famille et de la société. Et ce qui est moins consolant encore, c'est que les cellules sont presque toutes occupées. Pauvres parents, qui les ont élevés pour leur honte et leur déshonneur !

Le travail est obligatoire à la Petite Roquette. En dehors des travaux manuels, l'instruction et l'éducation y occupent une place importante. Nécessité première pour cette jeunesse toujours si avide de plaisirs et d'indépendance.

Au bout d'un certain temps, ces jeunes détenus sont répartis dans les maisons pénitentiaires de l'Etat en France, et rarement dans les colonies ; d'autres, plus heureux, sont recueillis par des sociétés de patronage...

Sous la Commune, la Petite Roquette devint maison de correction militaire.

La prison suburbaine de *Fresnes*, de date beaucoup plus récente, est située à 12 kilomètres de Paris, sur le territoire de la commune de Fresnes, dans la vallée de la Bièvre. Avec ses quartiers surélevés, ses nombreux pavillons et son mur de ronde, la prison de Fresnes présente, à distance, l'aspect d'une ville. On y trouve tout le confort moderne. Les massifs de verdure qui entourent les préaux sont bien faits pour réjouir les yeux des détenus trop habitués aux murs froids et ternes de leurs cellules.

C'est à la prison de Fresnes que se purgent les condamnations à un an. Au delà de cette limite, les détenus sont dirigés sur une maison centrale... Deux quartiers à Fresnes : celui des hommes et celui des femmes. Le régime est le régime cellulaire... A Fresnes, enfin, l'infirmerie centrale des prisons de la Seine.

N. B. — Pendant la grande guerre, la prison de Fresnes servait de prison aux soldats insoumis de l'armée belge.

La Santé. — Bâtie en 1864 sur le XIVe arrondissement, la prison de la Santé occupe tout le terrain compris entre le boulevard Arago, la rue Humboldt et la rue Messier. L'entrée se trouve au numéro 42 de la rue de la Santé. Un drapeau tricolore flotte au-dessus de la porte. Le mur d'enceinte, par son élévation et sa solidité, donne au bâtiment l'aspect d'une forteresse.

La prison de la Santé passe, à juste titre, pour une des plus importantes et des mieux aménagées de France : chauffage central, électricité, rien ne manque, sauf la liberté. Elle n'existe que sur les murs. Le chiffre des détenus varie de 15 à 1 200. On compte plus de 1 200 cellules, réparties en plusieurs quartiers.

La cour d'entrée, ou cour d'honneur, avec le lierre qui en tapisse les murs, les recouvrant de son épais feuillage, avec ses fleurs aux couleurs brillantes et variées, offre la vague vision de quelqu'un de ces vieux donjons qu'on rencontre encore en certaines contrées de notre beau pays de France. Toutefois, combien autres sont les milieux et combien différents les habitants ! Autre est la vie de château et autre la vie de prison !

La prison de la Santé remplace l'ancienne prison des Madelonnettes, située dans le quartier du Temple et frappée d'expropriation en 1852...

Mais quelle animation dans ce milieu calme et solitaire ! C'est l'arrivée et le départ des voitures cellulaires, vulgairement dénommées *paniers à salade,* « ces prisons volantes dont l'essieu grinçant fait un bruit symbolique de chaînes ». Ce sont ces mêmes voitures qui amènent du Dépôt de nouvelles recrues et en conduisent d'autres au Palais pour les instructions et pour les audiences.

Avant de pénétrer dans l'intérieur de la prison, arrêtons-nous un instant et voyons quels hôtes l'habitent.

Ce serait une erreur de penser qu'il n'y a que des apaches à la Santé. La population « prisonnière » est aussi « intéressante » que variée. A côté des habitués des cafés, bars et brasseries de cinquième ordre, de ces vulgaires professionnels du vol et du crime, à côté de ces rôdeurs de nuit sans bravoure, véritables « renards » qui n'osent pas mordre en plein soleil, mais qui, si d'aventure, sur les chemins nocturnes, ils rencontrent une victime, ne craignent pas d'en boire le sang, de ces aventuriers de tout « acabit », de ces chevaliers d'industrie et « aigrefins », toujours prêts à se ruer sur la première proie qu'ils rencontrent, de ces hommes aux mœurs louches qui servent leurs intérêts tout en sacrifiant leurs clients, des simples qui se laissent « rouler » par plus forts qu'eux, on rencontre des hommes du monde, l'homme de la finance et du négoce, victimes ou coupables, voire même des fils de famille qui, soustraits trop tôt à l'autorité des parents, ont oublié les principes d'honneur et d'honnêteté puisés au foyer familial.

Ajoutez à cela un très fort lot d'apaches et de « cosmopolites », et vous aurez une idée assez complète de la Santé. Vraiment, cette prison est le rendez-vous de toutes les misères morales, de tous les vices. On peut donc dire de la Santé ce qu'on disait de Mazas, que « toutes les conditions humaines et sociales s'y trouvent réunies ». Si l'humanité, en général, a ses joies et ses beautés, elle a aussi par contre ses tristesses et ses laideurs ; et celles-ci, disons-le, dépassent de beaucoup celles-là. C'est ce que nous pouvons affirmer en étudiant l'ensemble des êtres que renferment nos prisons. A tous les degrés de l'échelle sociale, on rencontre de ces êtres étranges qui semblent plutôt voués au mal. Sans aucun respect pour eux-mêmes, ils ne peuvent respecter les autres. Le respect de soi-même entraîne toujours avec lui le respect des individus, de la famille et de la société...

Ajoutons quelques types particuliers pris sur le vif.

— Je croisai, un jour, un individu dont le visage tuméfié et enveloppé en partie de bandelettes n'avait plus rien d'humain. C'était un soi-disant artiste peintre. Par suite du vacarme qu'il faisait sur le palier de l'étage où il avait son logement, il s'était vu expulser. Furieux contre sa concierge, il profita du moment où elle était seule pour la battre. Son coup fait, il alla se réfugier dans un des étages supérieurs.

Un agent appelé en hâte en devint bientôt maître, non, toutefois, sans avoir reçu quelques coups de son misérable client. Menacé et presque en danger, l'agent dégainait et frappait au hasard. Atteint au temporal, notre soi-disant artiste dut lâcher prise. Des voisins et d'autres agents accoururent au secours de leur collègue et arrêtèrent le bandit. Sur le parcours de la maison au commissariat, la foule indignée le lyncha. Son cynisme indisposa contre lui l'homme de la loi, qui le fit diriger sur le Dépôt et de là vers la Santé.

— Voici maintenant un vicomte escroc, soi-disant publiciste. Il occupait un garni dans un hôtel de troisième ordre et sous un faux nom. Il s'était emparé de titres appartenant à des hommes de la haute. Son titre de publiciste lui ouvrait toutes les portes, et il en profitait pour se livrer à maintes escroqueries. Il était l'objet des poursuites de plusieurs Parquets. Enfin il fut arrêté à Paris, où viennent se cacher tous les vices et toutes les infortunes, et condamné à plusieurs années d'emprisonnement. J'essayai de lui faire comprendre toute l'horreur de sa conduite et combien elle était peu en harmonie avec son éducation première et l'honorabilité de sa famille. Cet homme était un inconscient.

— Singulière histoire que celle de ce baron italien, fils d'un roi, arrêté pour vol dans un de nos grands magasins. Né dans un palais, il eut, dès son enfance, le goût du faste et des grandeurs, voire même celui des aventures. On l'embarqua comme mousse à bord d'un charbonnier. D'un naturel paresseux, il avait fatigué sa pauvre mère qui désespérait de lui et de son avenir. Après quatre années de traversée, il revint en Italie, mais nullement amendé. Son mariage avec une jeune noble lui permit de suivre ses goûts de luxe. De là, ces folles randonnées, dans lesquelles il semait l'or à pleines mains. Ruiné, il se livra à une foule d'expédients. Mais la justice veillait. Le scandale éclata. Chez lui, un luxe inouï, une prodigalité sans mesure. Amené devant les tribunaux, il fut condamné. Que de prodigues de cette espèce. La faiblesse des parents, une affection par trop aveugle, en faut-il autant pour les faire tomber !

— On arrêtait, un jour, un jeune forcené de vingt-deux ans qui, quelque temps auparavant, et dans un des grands hôpitaux de Paris, avait tiré sur un prêtre. L'agression avait été si prompte que les témoins, affolés, n'avaient pu intervenir à temps. D'une nature violente, ce jeune homme brutalisait souvent, et sans motif, les personnes de son entourage. La vue d'un uniforme ou d'une soutane le mettait en fureur. La veille du drame, il avait failli étrangler son frère. Sa mère même n'était pas à l'abri de ses menaces. Quelques jours après son arrivée à la Santé, il me faisait demander soi-disant pour le confesser. Il était au cachot et sous la haute surveillance. Je lui parlai par le guichet de sa cellule. Furieux de ne pouvoir arriver à ses fins, il s'en prit au gardien de service. Pendant qu'il lui présentait son gobelet pour boire, le misérable, lui saisissant la main, le mordit au sang. Qu'aurait-il fait de l'aumônier? « Prudence est mère de la sûreté. »

— Par suite de mauvaises fréquentations, le jeune Z... devenait le meurtrier de son père. Il était de notoriété publique que l'ancien « *Chas' d'Af'* » vivait aux crochets de son père, passant des journées entières loin de son travail, dans des lieux mal famés et en compagnie d'individus louches. Un soir, étant à table et sur une simple observation de son père, il bondit sur lui comme un fauve sur sa proie. Le malheureux père ayant roulé sur le seuil de la cuisine, le misérable le traîna sur les marches de l'escalier et lui fracassa le crâne. La mort fut instantanée. Quant à lui, il ne témoigna aucun regret de son crime. Tout au contraire, à un voisin qui le lui reprochait, le jeune bandit répondit : « Et puis, après ? Si je l'ai tué, ça n'sera pas le dernier, d'autres y pass'ront aussi ! » Que faire avec de pareils monstres ! Aussi, est-il allé payer au loin sa peine, emportant avec lui la honte et l'horreur de son crime.

— On a beaucoup parlé de la « rocambolesque » histoire d'un certain Dr de la M., le personnage de roman aux cent métiers : Escroc et faux médecin, il a fait de nombreuses dupes, tant en France qu'en Italie. L'existence de ce singulier personnage est un tissu d'aventures où le tragique se mêle au grotesque et où la bonhomie côtoie le drame. Il y a, dans sa vie, « des éclats de rire, des larmes et même du sang ». Ce qu'il y a de certain, c'est que, comme tant d'autres de son espèce, il vint échouer à la Santé. Une de ses principales affaires fut celle du trône de Hongrie, qui devait lui rapporter plusieurs millions. Pour cette affaire, que de dupes encore ! sans entrer dans d'autres détails, toutes s'accordent à dire qu'il savait si bien « dorer la pilule » avec ses belles paroles, qu'elles l'avalaient, sans toutefois lui dire merci.

Après cela, ne nous étonnons pas de voir s'ouvrir toutes grandes les portes de la prison. C'est là que vont s'abriter tous ces « maîtres chanteurs » et autres. Grâce à une discipline sévère, ils peuvent, s'ils le veulent, s'y amender et devenir meilleurs. Combien aussi y demeurent dans un même état de malaise et de mécontentement ! C'est l'histoire de l'humanité.

Mais la porte s'ouvre, porte lourde et massive ; « rien de triste comme la porte d'une prison » ! Les premières formalités remplies, le nouvel arrivé, muni de ses papiers et de linge, est conduit dans sa cellule triste et étroite, à la porte hermétiquement fermée et doublement verrouillée, à la fenêtre munie d'une forte armature de fer avec, et pour tout mobilier, un lit ou couchette, une table scellée dans le mur, une chaise de bois, retenue également au mur par une chaîne ; une étagère, deux porte-manteaux, et, dans un coin, les W.-C...

Le confort des cellules, si confort il y a, n'enlève rien à la solidité des verrous, à l'épaisseur des murailles, à la rigidité des barreaux de fer qui obstruent l'unique fenêtre au-dessous de laquelle on entend les pas d'un factionnaire... Le voilà donc définitivement écroué ; il perd alors son nom pour devenir un *numéro !* Adieu, les rêves! Adieu, les illusions et les plaisirs! C'est la réalité dans tout ce qu'elle a de poignant, de douloureux, de cruel! Le voilà seul, seul avec ses pensées, ses souvenirs et ses affections. La famille, son père, sa mère, etc., se dressent devant lui pour l'accuser et le condamner! Tous ces souvenirs, et d'autres encore, assiègent son cerveau ; une sorte d'ébranlement nerveux le bouleverse tout entier. Il arpente d'un pas fébrile sa cellule, comme pour chercher une issue. Peine inutile ! Autour de lui, un silence glacial, un silence de mort ! Heures lugubres, où une sorte de terreur semble planer au-dessus de sa tête ! Il n'est plus lui : le *moi* s'est presque totalement effacé; son être tout entier s'est désagrégé. C'est la frêle embarcation qui s'éloigne du rivage par un temps magnifique, mais qui, surprise par la tempête, se voit tout à coup à la merci des flots et déjà prête à sombrer! La cellule devient pour lui, et peut-être pour longtemps, le témoin muet de ses regrets et de sa douleur.

La prison de la Santé est une prison *préventive*, et son régime est *cellulaire.* Importé d'Angleterre et des Etats d'Amérique, ce régime offre, ainsi que tout autre régime, des avantages et des inconvénients; il a des partisans et des adversaires.

Sans entrer dans d'autres détails, nous pouvons dire, en toute impartialité, que le régime cellulaire nous apparaît, en tout point, le plus conforme à nos mœurs et à nos aspirations ; que ses avantages sont supérieurs aux inconvénients, et qu'il profite au détenu lui-même, tant au point de vue « morale » qu'au point de vue « hygiène ».

Le but principal de toute prison étant d'amender les détenus, n'est-ce pas aller contre une tendance aussi noble et aussi légitime que de réunir dans un même lieu des natures inégalement viciées, des instincts plus ou moins ancrés dans le mal.

Dans un tel milieu, le choc des idées paralyse tout sentiment généreux pour enguirlander de mille et un atours le fantôme du vice qui se réveillera, et plus fort et plus robuste.

De plus, ces liaisons contractées dans la prison, et qui se poursuivent généralement au dehors, deviennent pour les uns et pour les autres un danger nouveau et beaucoup plus redoutable ! Le proverbe sera toujours vrai : « Dis-moi qui tu hantes, je te dirai qui tu es. »

Dans la solitude encore, le détenu étudiera mieux ses penchants et ses inclinations ; il saisira mieux les multiples obligations de la vie qu'il importe à chacun de nous de remplir avec une scrupuleuse exactitude. C'est alors, s'il le veut bien, qu'il s'apercevra qu'il avait une activité sans but, des idées creuses, une volonté fortement « ébréchée ». Il voulait cueillir des fleurs sans se livrer au travail qui les fait éclore.

Ajoutons à cela le calme nécessaire pour jeter la semence d'une existence nouvelle, le recueillement indispensable pour forger de nouvelles armes et redescendre avec elles dans cette grande arène où, une première fois déjà, la destinée s'était montrée contraire.

En nous plaçant maintenant sur le double terrain de l'hygiène et de la salubrité, nous constaterons que, soustrait à cette atmosphère épaisse qui se dégage de toute agglomération de personnes dans un lieu insuffisamment aéré et plus ou moins contaminé, le détenu jouira d'un air beaucoup plus pur et plus léger ; deux conditions indispensables à toute existence humaine.

Interrogeant, un jour, un détenu, je le priai de me dire, en toute franchise, ce qu'il pensait du régime cellulaire : « Ce régime, me répondit-il, est déprimant aussi bien pour le moral que pour le physique.

J'estime que l'internement cellulaire est un châtiment bien plus dur que les travaux forcés. Là, du moins, le prisonnier est astreint à des travaux en plein air et vit par sections ; l'air étant une seconde nourriture pour l'homme, celui-ci ne l'a pas avec le régime cellulaire individuel ; de plus, il manque d'exercice. » Et il terminait en disant : « Je prétends qu'il n'est pas de plus terrible punition que d'être laissé à soi-même. L'homme qui ne peut s'arracher à la pensée par un travail ou une occupation matérielle est toujours à plaindre. »

Et l'ennui ! « L'ennui, dit-on, naît du manque de variété. » Dieu lui-même a répandu dans la nature toutes sortes de variétés. Rien de monotone comme la vie en cellule. « La solitude continuelle, disait le grand prisonnier Silvio Pellico, est un tourment si cruel pour moi, que je ne résisterai jamais au besoin de faire sortir quelques paroles de mes poumons, et d'inviter mon voisin à me répondre; et, si le voisin se taisait, j'adresserais la parole aux barreaux de mes fenêtres, aux collines qui sont en face de moi, aux oiseaux qui volent... »

Cet ennui, le détenu pourra le combattre par la lecture ou encore par certaines études en rapport avec son intelligence et avec ses goûts. Les livres lui sont fournis par la bibliothèque de la prison.

Si le détenu est croyant, il se souviendra que « la solitude est une des conditions où doit se placer quiconque désire entendre la voix de Dieu et n'être pas empêché de la suivre ». Qu'il ne s'étonne donc pas si, comme chrétien, il se voit convier à la solitude, c'est-à-dire à ramasser en lui toutes les forces de son âme pour la rendre plus énergique, plus maîtresse d'elle-même et du corps qu'elle gouverne. S'il n'a pas cette consolation, il a, du moins, celle qui résulte de la loi généreuse du 5 juin 1875, réduisant d'un quart et de plein droit toute peine subie en prison cellulaire.

Les souvenirs de la famille trouvent également leur place dans cette vie de solitude. C'est plus particulièrement celui d'une mère, tout entière à son chagrin. « Ce fut un coup bien pénible pour ma pauvre mère que de savoir son fils prisonnier. Aussi, n'écoutant que son grand amour pour lui, accourut-elle bien vite à son secours et, tout en larmes, s'en fut vers sa prison lui porter son courage et tâcher d'adoucir sa captivité.

» Ah ! l'amour maternel, amour méconnu par une jeunesse inconsciente ! trésor dans lequel on néglige de puiser dans les moments de peine ! Amour pur, amour simple, que l'on quitte pour n'aller chercher que l'amitié corrompue d'un monde égoïste et corrupteur. Que de pauvres enfants brisent inconsciemment l'hégémonie peu sévère de leurs parents et s'en vont, comme le papillon attiré par la lumière, vers la liberté !... »

— S'il veut, il a encore, pour combattre l'ennui, la visite de l'aumônier, qui cause avec lui, le respecte, le plaint, et, dans la quasi totalité des cas, touche son cœur.

— C'est votre poignée de main qui m'a réhabilité à mes propres yeux, lui dit l'un.

Et un autre :

— Vous m'avez appelé Monsieur, alors que je ne suis plus qu'un simple numéro ; je ne suis donc pas tout à fait déchu ; je peux encore espérer ma régénération !

Ceux qui ne parlent pas ainsi le pensent, du moins ; leur visage, leur attitude, tout en eux témoigne combien ils sont sensibles à ces premières marques de déférence et de sympathie. C'est alors qu'ils cessent d'être révoltés pour devenir repentants.

Le rêve du prisonnier, c'est le parloir. Jour heureux que celui où il peut entendre la voix d'un père, d'une mère, d'un frère. d'une sœur ! Avec son pardon, c'est le réconfort. Comme il y court et comme il oublie, pour un instant toujours trop court, la tristesse de sa cellule !

Les jours de parloir sont fixés par le règlement, et les autorisations pour les visiteurs sont délivrées au Palais. Les jours réglementaires des visites sont : les lundis, les vendredis dans l'après-midi... (Pendant les hostilités, les jeudis étaient réservés aux visites des militaires détenus à la Santé.)

. . . .

Vendredi, parloir ; aiguilles, tournez bien vite,
Afin de ramener tôt l'heure de la visite,
Où je trouverai, bien sûr, la paix, le réconfort,
L'énergie nécessaire pour le dernier effort.
Tourne, aiguille, tourne, donc, capricieuse ;
Tu me nargues... tu restes en chemin, anxieuse !
Tes secondes sont des jours, tes minutes des [mois !...

Du temps tu te permets de modifier les lois !...
Tourne, aiguille bénie... aiguille maudite !...
Cours sur ton cadran... plus vite... plus vite !

X..., *la Santé*.

On crie aux corridors vibrants les numéros
De ceux qu'une visite attend et qu'on appelle,
Des parents, une mère, une femme fidèle
Peut-être, mais si loin derrière les barreaux !
Deux grillages distants laissent passer les mots.
Mais les regards fort mal, car la lumière est telle
Qu'on n'entrevoit qu'une ombre à peine
[personnelle
Dès qu'on a clos la porte aux indiscrets carreaux.

Le long des cabanons un gardien surveille.
Quand on distingue enfin, sans pouvoir les frôler,
Les visages chéris qu'on voudrait cajoler,
Ces lèvres qu'on voudrait baiser, cette merveille
Des yeux que gemme un pleur et qui vous parlent
[mieux
Le quart d'heure est passé — la porte s'ouvre —
[adieu !

X..., *détenu*.

❊

— Mais il est dans la vie du prisonnier des heures plus sombres et plus sinistres. C'est alors que se dresse devant certains détenus l'image horrible du suicide. Entre la vie qu'ils viennent de quitter et celle qui commence, un abîme s'est creusé. Comme le malade qui souffre d'un mal incurable ne trouve d'autre moyen de salut que dans la mort, le prisonnier, tout entier au désespoir, cherche dans le suicide sa délivrance ; son cœur saigne et son âme est déchirée par la douleur.

Heureux celui qui, à cette heure d'égarement, ouvre l'oreille à la voix de Dieu et à celle de sa conscience ! Dieu alors se montre à lui ; un rayon de sa grâce a vite dissipé ses ténèbres intérieures ; le calme succède à la tempête ; et cette âme, tout à l'heure si agitée et si découragée, a recouvré la paix et, avec la paix, la vie.

Etudier la genèse du suicide chez le prévenu, ses causes, ses différentes formes; question bien importante, et qui, tenant tout à la fois de la psychologie, de la sociologie et du libre arbitre, trouverait plutôt sa place dans un traité de médecine !

Quoi qu'il en soit, et de l'avis même des médecins, le suicide, quelle que soit, d'ailleurs, sa forme, doit être considéré comme un acte provoqué par une série de faits successifs capables de modifier l'organisme et de diminuer les facultés. (Nous laissons de côté certaines tentations purement illusoires et qui n'ont d'autre mobile que d'exciter la pitié ou de solliciter un certain adoucissement à la vie de cellule toujours si triste et si pénible.) Le cas n'est pas rare dans nos prisons.

Le détenu livré à lui-même et à ses propres pensées doit franchir une rude étape, livrer un assaut redoutable. Ne soyons donc pas surpris que, dans cette lutte incessante, succombent certains esprits faibles, insuffisamment préparés à ce genre de combat ou privés de tout secours. Ce sont de pauvres victimes de ce que nous appellerons un accident « physiologique ». Prenons-les plutôt en pitié et exerçons envers eux les devoirs toujours si efficaces de la charité.

Nous ne parlons pas ici de ces récidivistes pétris, pour ainsi dire, dans le vice et qui se font une gloire du moindre méfait. Chez eux, la notion du bien ne saurait désormais exister, la société est devenue pour eux un objet de haine et de vengeance...

Le sentiment religieux est, entre tous, le plus respectable et le plus sacré. « La religion est, dans le cœur de l'homme, le sommet des devoirs, des pensées et des affections. C'est elle qui communique à tous nos sentiments la durée, l'éclat et la sécurité. Qu'on croie ou qu'on ne croie pas, on doit toujours respecter ceux qui ont une foi, qui s'attachent à une espérance et qui marchent vers la lumière et la vérité. »

S'il est un milieu où ce principe trouve son application, c'est bien celui d'une prison où tant de malheureux dévoyés ont besoin de lumière et de vérité... Le principe de la liberté de conscience est un de ceux que tous reconnaissent et proclament. Grâce à elle et avec elle, le détenu n'est soumis à aucune contrainte morale ni à aucune pression religieuse. (Disons, toutefois, qu'à la Santé le plus grand nombre des détenus appartiennent à la religion catholique.) C'est en vertu de ce même principe que chaque détenu, à son entrée à la prison, est tenu de déclarer le culte auquel il appartient. Chaque culte a son représentant : l'aumônier catholique pour les catholiques, le pasteur pour les protestants et le rabbin pour les juifs.

Du rôle social
de l'aumônier des prisons

Le rôle de l'aumônier dans une prison est plus important et plus décisif qu'on ne le pense généralement. On pourrait regarder les prisonniers comme autant de malades. La maladie, chez eux, varie avec les individus: chez les uns, c'est la passion; chez d'autres, ce sont les fréquentations mauvaises ; chez tous ou presque tous, c'est le manque de vigilance et de réflexion, ou encore le défaut d'énergie, indispensable dans cette lutte incessante avec les difficultés de la vie...

Dans ces différents cas, l'aumônier devient pour son client une lumière, un conseil, un guide. Il lui enseigne tout à la fois la probité, le courage, la résignation et la foi dans la Providence qui, comme une mère sage et prévoyante, veille sans cesse sur nous.

Le voilà à sa chapelle, d'une architecture égale à celle du lieu dans lequel elle se trouve : sanctuaire béni, où il vient demander à Dieu un peu de sa miséricorde pour tous ces malheureux frappés par la justice des hommes. Que de larmes essuyées ! Que de sanglots étouffés ! Dieu seul en a été le témoin ; et ces sanglots et ces larmes se sont changés en une pluie de grâces qui, tout en inondant le pécheur, ont rendu à son âme meurtrie la guérison et la vie.

Et quand l'heure de l'exécution capitale

a sonné pour le condamné, il a pour l'accompagner et l'encourager l'aumônier qui l'a visité dans sa détention et qui devient pour lui l'ami de la dernière heure.

Les incrédules du siècle dernier représentaient le prêtre comme un être inutile, comme une chose indifférente dans le monde. Aujourd'hui, tout homme qui a quelque logique et qui comprend les leçons de l'expérience conviendra sans peine que le sacerdoce est une grande question, la plus grande question sociale, parce qu'il représente Jésus-Christ au sein de l'humanité, c'est-à-dire tous les principes d'ordre, de justice, de stabilité.

Lamartine, qui s'y connaissait en hommes, a fait, dans le *Journal des Connaissances utiles* (1831), un magnifique portrait du prêtre.

Plaçons ici quelques vers d'un détenu adressés à l'aumônier en témoignage de sa reconnaissance :

A LA SANTÉ

Ici, il y fait toujours froid,
Aussi bien l'hiver que l'été ;
Le cœur y est glacé d'effroi,
A la Santé.

Et les jours se passent, moroses ;
Le cœur n'est pas à la gaîté.
Qu'elles sont loin les heures roses !
A la Santé.

Quelle solitude profonde !
La vie même y est arrêtée ;
On est retranché de ce monde,
A la Santé.

Vous apportant le doux pardon
Et le secours de sa bonté,
C'est l'aumônier de la prison,
A la Santé.

C'est le message de l'espoir :
Que bénie soit sa charité
Qui nous sauve du désespoir !
A la Santé.

Il va et vient, matin et soir ;
Il parle, et dans l'âme enchantée
Renaît enfin un peu d'espoir,
A la Santé.

Je l'admire et je le vénère,
Et c'est pourquoi je l'ai chanté ;
Il a soulagé ma misère,
A la Santé.

Un médecin est également attaché à la Santé. Après les soins de l'âme, ceux du corps. Les consultations ont lieu tous les jours de la semaine, à l'exception du dimanche. Les grands malades sont dirigés sur l'infirmerie centrale de Fresnes ou sur l'infirmerie spéciale du Dépôt, selon les besoins.

Des médecins légistes attachés au Parquet de la Seine visitent les détenus au point de vue mental. Leurs rapports joints aux dossiers des inculpés éclairent tout à la fois magistrats et avocats.

Le régime de la Santé est le même que celui des autres prisons. Un régime spécial est donné aux malades par le médecin.

En dehors de ce régime, chaque détenu ayant un pécule peut user de la cantine.

Il y a loin du régime de la Santé au dîner de Marmontel à la Bastille (1723-1789) :

Deux heures après mon entrée à la Bastille, les verrous se tirent et les geôliers déposent sur la table trois petits plats. Ils déploient ensuite du linge assez grossier. Le service fait, les gardes se retirent. Un domestique m'invite alors à me mettre à table et me sert la soupe. C'était un vendredi, la soupe était maigre, mais fort bonne. Le deuxième plat consistait en morue sauce blanche. Le troisième était une purée de fèves au lait. Le vin n'était pas excellent, mais enviable.

Comme je me levais de table et que mon domestique allait s'y mettre (car il y avait encore à dîner de ce qui restait), voilà mes geôliers qui rentrent avec une pyramide de plats. A l'appareil de ce service, beau linge, couverts d'argent, nous reconnûmes notre méprise :

— Monsieur, me dit B..., vous venez de manger mon dîner, je mangerai le vôtre.

Ce dîner était gras, en voici le menu : excellent potage, une tranche de bœuf succulent, chapon bouilli, fondant, artichauts frits, plat d'épinards, belles poires de Cressane, raisin, gâteaux, vin de vieux bourgogne, café moka.

Tel fut le dîner de mon domestique. Après le dîner, le gouverneur vint me voir et s'excusa de mon dîner qui avait été mal ordonné.

Le *Prétoire* ou Conseil de discipline est une sorte de tribunal chargé de veiller au bon ordre de la maison et de faire respecter le règlement. Il a lieu tous les jours de la semaine, à l'exception du dimanche. Le directeur en est le président de droit avec, pour assesseurs, le contrôleur et le gardien-chef. Tous les jours, des rapports sont dressés par les gardiens des différents quartiers sur les infractions au règlement et les coupables sont déférés au prétoire.

Les punitions sont toujours en rapport avec le degré de culpabilité et données en toute justice.

❋

On se promène aussi à la Santé. Ce n'est pas parce qu'on est privé de liberté qu'il faut être privé d'hygiène. Cette grave et souveraine loi a surtout sa raison d'être en face d'une certaine agglomération d'hommes. Les promenades se font à l'intérieur, dans des préaux, et toujours sous la surveillance de gardiens. Le silence est de rigueur, toute communication étant interdite.

Relevé sur les murs d'une cellule.

Où trouver dans Paris un hôtel aussi vaste
Et aussi confortable? on vous y amène dans une voiture à deux chevaux, escorté par un militaire.
A votre arrivée on vous fait prendre un bain
Et l'on met vos valeurs en sûreté, sans doute à cause des voleurs ! Précaution bien sage.
On vous donne vos draps, une chemise, une serviette, et l'on vous installe dans votre chambre.
Le lendemain on vous demande si vous voulez voir le médecin ?
Si vous sortez en ville, c'est toujours en voiture, et accompagné, dans le cas où il vous arriverait accident.
Et, si vous le méritez, on vous envoie à la maison de campagne, à Fresnes-les-Bains.
Parfois un voyage au long cours dans le beau pays de la Guyane ! ! !

❋

En vertu de cet axiome bien connu : « L'oisiveté est la mère de tous les vices et le principe de tout ennui et de tout découragement », plusieurs industries sont établies à la Santé. Pendant qu'il travaille, le détenu n'est plus à la merci de son humeur ni de son imagination, et il attend avec patience son heure de liberté.

L'homme qui n'a rien autre chose à faire que de vivre pour vivre et qui n'applique pas ses facultés au travail tombe, par une pente rapide et fatale, de la langueur dans l'ennui et de l'ennui dans les désordres du cœur. Aussi, d'après le code pénitentiaire, « tout condamné est astreint à un travail manuel ».

On travaille donc à la Santé. A l'origine, le travail était en commun. De vastes ateliers occupaient une partie du Quartier-Haut et l'autre partie était cellulaire. Chaque soir, les détenus quittaient l'atelier et retournaient dans leurs cellules. Aujourd'hui ils ne les quittent plus. Le travail leur vient du dehors, et les patrons ont charge d'en surveiller l'exécution ; le contrôle reste à l'administration. C'est ainsi que bon nombre d'industries se sont développées dans les prisons de France.

⁂

Nos apaches. — Ce n'est pas sans un frisson d'épouvante mêlé d'horreur que nous voyons grossir, chaque jour, le nombre de ces vulgaires apaches qui terrorisent, depuis nombre d'années déjà, Paris et sa banlieue. Paris est, en effet, le centre de leurs opérations et comme leur quartier général. Et c'est surtout parmi la jeunesse qu'ils recrutent leurs plus nombreux et plus dévoués partisans. Malheur à l'imprudent qui se hasarderait dans les endroits par trop solitaires ! il deviendrait bientôt la victime de ces jeunes bandits. Mais, ô ironie du sort, ce sont le plus ordinairement les plus intelligents et les « demi-savants » qui se rendent coupables de ces crimes qui révoltent la conscience publique.

Et ces gens n'ont, en général, aucun domicile fixe. Depuis qu'ils ont quitté le foyer familial, ils errent partout, vivant d'aventures et d'expédients, travaillant la nuit et se reposant le jour ; ou bien encore, leurs nuits se passent dans les bars de bas étage ou dans ces hôtels « borgnes », véritables repaires, où ils se préparent à de nouveaux coups. Certains de leurs quartiers rappellent cette « cour des miracles », bien connue dans l'histoire du crime, et dont le souvenir seul fait horreur.

Nous les avons vus de près, nous leur avons causé ; et tous, d'un commun accord, accusaient les milieux dans lesquels ils vivaient. S'ils avaient suivi une autre voie, et si, au lieu d'aller dans ces lieux infects, ils étaient restés à la maison, ils ne seraient certainement pas là où ils sont.

Comme chaque peuple a sa langue, la langue nationale, nos apaches, sujets d'un royaume à part, le royaume de l' « apacherie » ont aussi la leur, ou plutôt leur « argot ». Cette langue, il faut la connaître ; et, pour bien la connaître, il faut la cultiver, et c'est affaire à eux.

En cela, d'ailleurs, ils ne font que suivre

les traditions de leurs ancêtres. « C'est un fait bien connu que les malfaiteurs vivant en marge de la société et en lutte contre elle, ont toujours éprouvé le besoin de s'exprimer dans un langage spécial, ne pouvant être compris que des initiés. »

Toutefois, la plupart d'entre eux se bornent à un argot approximatif qui consiste à « dénaturer certaines terminaisons ou certaines désinences... » Disons que, même dans nos prisons, il en est relativement peu qui le comprennent...

Enfin, on peut rattacher à cette sorte de langage tous ces sobriquets empruntés, pour la plupart, à des noms de rues ou de quartier... Leur blason est facile à composer ; plus faciles encore leurs titres de noblesse... Il est rare que les criminels n'emportent pas avec eux leurs sobriquets, la particule leur coûtant si peu.

... Ils sont heureux de laisser à la Santé quelques traces de leur passage et comme un échantillon de leur savoir-faire.

Relevé dans quelque préau ou dans quelque cellule.

Paris au monde me vit venir ;
La Roquette m'a vu grandir;
La Santé m'a vu souffrir ;
Fresnes me verra pourrir ;
Et le bagne me verra mourir.
Etc., etc.

*

Honneur au zèle de nos policiers qui luttent sans cesse avec une énergie rare et un dévouement sans limites contre cette armée toujours croissante et toujours redoutable du crime, contre ces « boches » de notre société moderne.

Il n'est pas rare de les entendre critiquer. Laissons ce rôle aux apaches toujours menacés dans leur vie de crimes et d'aventures. A ces bandits raffinés, dont l'audace déconcerte, il faut opposer une défense prompte et capable d'une réussite immédiate. Et c'est là l'œuvre et la mission de nos policiers.

Pendant que nos Parisiens se reposent, eux veillent. Leur vie est une vie de dévouement et de sacrifice. Et cependant, ce sont, pour la plupart, des pères de famille! Leur conduite n'en est que plus belle et plus méritante. Parmi eux, que de victimes du devoir ! Si le monde ignore leurs noms, l'histoire les a tous enregistrés, heureuse et fière de les transmettre à la postérité.

Encore une fois, honneur à eux ! honneur et reconnaissance à ces adroits « dénicheurs » d'apaches !

*

Les détenus politiques. — Depuis la disparition de Sainte-Pélagie, les détenus politiques ont établi leur quartier à la Santé. C'est ainsi que nous y avons vu passer *journalistes*, *antimilitaristes*, *grévistes*, *anarchistes* et autres « *istes* », les *détenus de la grande guerre*. Tous se comprennent et tous sympathisent. Il n'est rien comme l'épreuve pour rapprocher les natures même les plus opposées.

Le régime des détenus politiques est

spécial. A certaines heures, ils se réunissent pour la promenade et dans une cour spéciale. La tristesse n'a jamais eu, chez eux, « droit de cité ». Des journaux et des livres sont mis à leur disposition. Les *Camelots du roi* avaient leur journal à eux, *la Santoche*, journal politique, commercial, financier, agrémenté d'histoires et de nouvelles.

La Santé pendant la guerre.

La guerre éclate, la prison du Cherche-Midi étant devenue par trop insuffisante par suite du grand nombre de délits militaires, le gouvernement militaire de Paris, agissant d'accord avec l'administration pénitentiaire, envoie à la Santé les soldats passibles des Conseils de guerre. Un greffe militaire y est installé. Un médecin-major et un pharmacien mobilisé sont chargés de la visite et du soin des malades, et l'aumônier de la Santé remplit les fonctions d'aumônier militaire. Les transferts de l'une à l'autre prison et pour le Palais se faisaient par voitures régimentaires.

Mais ne restons pas davantage sous une impression aussi pénible pour tout cœur français. Au milieu de ces hommes, relâchés pour la plupart, et dont la mentalité semble étrange, on rencontre encore quelques nobles caractères. Ceux-là ont compris leur faute et l'ont profondément regrettée. Ne voulant pas porter plus longtemps le poids d'accusations graves, ils ont sollicité de l'autorité supérieure la faveur de retourner au front, « afin, disaient-ils, de racheter leur faute, de se réhabiliter dans l'opinion du pays, et de reconquérir l'estime de leurs chefs ». Nous ne pouvions qu'applaudir, et des deux mains, à un tel désir. Désir noble d'ailleurs et légitime ! Tel était aussi, disons-le, le désir de leurs familles.

Un jeune soldat, appartenant à l'une de ces familles dont le nom symbolise l'honneur, m'écrivait du front :

Cher Monsieur l'Aumônier,

En vous quittant, j'ai été dirigé sur mon dépôt. De là, j'ai été versé dans le corps des alpins. Grande fut ma joie, car il me tardait, pour moi et ma famille, de racheter ma faute et de me réhabiliter.

Merci à vous, je n'oublierai jamais vos bons et sages conseils.

Recevez, etc.

Peu de temps après, il recevait la croix de guerre. Son honneur était sauf et sa réhabilitation était complète.

Blessé mortellement à Saint-Quentin (Aisne), il méritait une nouvelle citation à l'ordre de la 4e division, « accomplissant sous le feu violent des mitrailleuses ennemies une mission pour laquelle il s'était généreusement offert ».

Hospitalisé à Saintes, sa famille, après les angoisses de la recherche, vint l'y retrouver. Quelques jours après, il recevait la médaille des braves avec une nouvelle et plus brillante citation à l'ordre de l'armée (cette dernière signée du maréchal Pétain).

C'est alors que commença pour lui cette longue et douloureuse agonie, « où le héros du combat se doublait du fervent chrétien, soumis tout entier à la volonté divine ». Quel calvaire pour la famille! mais quel honneur et quelle fierté !

Le 3 décembre, au matin, il rendait sa belle âme à Dieu. « Le sacrifice était consommé ! La palme de sa croix de guerre était pour lui le symbole de la vaillance et la palme du martyre. » Il avait bien mérité de sa famille et de la patrie.

Honneur à ces jeunes et braves gens qui, après avoir compris leur faute, ont su si bien et si noblement la réparer ! Ils se sont montrés les dignes émules de leurs aînés !

Pour refouler l'ennemi, il fallait à la patrie l'aide de tous ses fils, le rempart de toutes les poitrines, nos jeunes prisonniers soldats l'ont compris. De retour à leurs corps respectifs et fidèles à la parole donnée, bon nombre d'entre eux se sont noblement réhabilités.

La Santé pendant la Commune.

La Santé, comme les autres prisons de Paris, devenait alors un des points où les passions sanguinaires cherchaient à s'assouvir. Par suite, elle devenait, elle aussi, le témoin attristé de quelqu'une de ces scènes lamentables qu'on ne rencontre qu'aux heures de tourmente ; et, si la tragédie n'eut pas un plus cruel dénouement, on le doit à l'énergie que déploya l'administration, secondée par certains détenus habitués à la lutte.

Sans entrer dans d'autres détails : nous sommes au 22 mai, jour où commençait l'agonie de la Commune. Après un certain nombre d'arrestations, celle de commissaires de police, du chef de la Sûreté et de plusieurs gendarmes, le directeur recevait l'ordre de faire fusiller tous les otages détenus. Conseillé par son entourage, il refusa nettement.

— J'ai été soldat, répondit-il, je ne suis pas un assassin ; il ne tombera pas un cheveu de leur tête.

Noble et courageuse parole. Au milieu de tous ces dévoyés, on trouvait encore des cœurs grands et généreux.

Exemple suivi par les autres fédérés qui, jetant leurs fusils, refusèrent de marcher. Honneur à eux !

De tout cela découle un enseignement grave et précieux. Le fléau de l'humanité, c'est l'ignorance. Quand il sait, l'homme devient meilleur, et plus il sait, plus vite il s'améliore. Qu'on interroge la sagesse antique et la sagesse chrétienne ; tout rappelle le grand et immortel principe de la charité : « Aimez-vous les uns les autres. » « Fais aux autres ce que tu voudrais qu'il fût fait à toi-même », etc.

C'est pour l'avoir oublié que nos révolutionnaires se sont livrés à tant de désordres et à tant de crimes. Si nous voulons que notre liberté personnelle soit respectée, il nous faut respecter la liberté individuelle et sociale de tous et de chacun.

Au-dessus de toute contestation doit toujours planer l'image vénérée de la patrie. A sa lumière et à la lumière de la religion, nous nous aimerons, nous nous respecterons les uns les autres dans l'expansion toujours légitime de nos facultés natives, et nous ne reverrons plus ces horreurs qui ont épouvanté la France et le monde avec la Commune de 1871.

La liberté.

Liberté, c'est le mot du gardien de service aux détenus dont la peine expire. Mot plein de charme et d'ivresse ! Sur ces fronts assombris par de longs mois de détention brille un rayon illuminateur qui dit haut la joie de ces hommes captifs hier et libres aujourd'hui.

Liberté ! Ce mot tracé sur les murs extérieurs de la prison est plus profondément gravé dans le cœur du prisonnier. Seul avec lui-même, à quoi d'autre peut-il rêver ? C'est entre les murs sombres et froids d'une cellule qu'on comprend toute la poésie renfermée dans ce mot : liberté.

Ce mot de liberté acquiert une sorte de personnalité pour le détenu. Plus que tout autre, il ressent combien est douce la vie auprès d'êtres aimés ! Plus que tout autre, il comprend pourquoi l'oiseau se brise la tête contre les barreaux de sa cage, fût-elle dorée ; pourquoi le chien brise la chaîne qui le retient à une niche, quelque riche qu'elle soit ; pourquoi, enfin, le vieillard, sale et déguenillé, qu'on rencontre parfois sur la voie publique, s'il mange de si bon cœur son morceau de pain, c'est qu'il le mange en liberté. Il préfère sa misère à la maison de retraite où il trouve bonne table et bon lit mais non la liberté.

Au soleil de la liberté s'effacent bien des souffrances de la prison. Que de larmes versées ! Que de sanglots étouffés ! Mais voilà qu'à ces douleurs de l'intérieur vont se joindre, pour beaucoup, celles du dehors, et elles ne sont pas toujours les moindres. C'est la vie avec tous ses besoins et toutes ses difficultés.

Rien ne peut surpasser cette crainte vague et indéfinie qui obsède, qui harcèle l'individu et lui donne un instinct de bête traquée, de bête enragée, qui fait que, pendant des heures, des journées, il tourne dans sa cellule, comme le fauve en cage, jusqu'à épuisement complet de la pensée et du corps. Le seul remède est d'essayer de ne plus réfléchir, de ne plus se souvenir, afin d'arriver à calmer sa souffrance. Mais comment y parvenir ?

Si la loi mesure le châtiment à la culpabilité, l'opinion, je n'y insisterai jamais trop, beaucoup plus dure, refuse d'asservir à la même règle la part de mépris qu'elle déverse sur le criminel. Elle ne recherche pas assez les causes de ces désordres. Que conclure de là, sinon que la loi réglementaire des bagnes ou des prisons est, en ce sens, plus juste dans ses appréciations et dans ses actes que l'opinion publique ; et c'est bien là ce qui décourage nos détenus à leur sortie de prison.

La question demeure toujours la même pour eux : Que faire ? Que devenir ? Que faire si tous refusent de les occuper ? Que devenir ? N'est-ce pas la misère et la misère noire ? Je parle ici, bien entendu, pour ceux qui n'ont aucune situation de fortune. Bien loin donc de les encourager et de les relever, on les plonge dans de nouveaux désordres et on les livre à de nouvelles défaites. Et puis, pourquoi unir dans une même proscription ceux qui, à l'heure de l'expiation, se tenaient à distance l'un de l'autre ? L'un des deux craint autant le contact de l'autre que la société redoute la présence de tous les deux.

Tout malheureux, par le fait même qu'il souffre, a droit à la charité publique. Les païens eux-mêmes sentaient qu'il y a au fond de toute infortune quelque chose qui commande le respect et s'impose à la charité de tous.

Notre double titre de chrétien et de Français nous fait un devoir de venir en aide à nos frères malheureux...

Sans doute, ces malheureux ont erré : « Que celui qui est sans faute leur jette la première pierre. » Ayons donc pour ces malheureux toute espèce d'égards.

L'heure de la liberté est, pour tout détenu, un moment d'ivresse. Revoir le sol natal, le foyer familial. Quelle joie ! Quel bonheur ! Il compte, sans doute, sur l'indulgence et sur la pitié, mais en vain. C'est une lutte terrible que celle du libéré. Il est seul, sans espoir, sans appui, sans travail, sans pain, sans asile, repoussé de partout et de tous.

De là ces plaintes amères, ces menaces redoutables, ces récriminations sanglantes contre une société sans entrailles et qui, sans égard aucun, repousse impitoyablement de son sein et frappe d'une peine moralement et socialement capitale des hommes coupables, dans le principe, d'un simple délit, d'un errement passager ou d'un crime suggéré par la misère, tandis qu'elle tolère, amnistie, honore même des vices et des crimes qui lui sont bien autrement funestes.

Il est malheureusement, par le monde, des hommes (et ils sont nombreux) qui professent une répugnance marquée pour tous ceux que la justice humaine a frappés, sinon flétris. A ces hommes, quels qu'ils soient, nous disons :

— Vous ne croyez pas à la sincérité de leur amendement, mais qu'avez-vous fait, vous, pour le leur rendre possible ?... Il vous répugne, dites-vous, de leur tendre une main amie et secourable, de les traiter en frères; changez donc votre manière de voir et d'agir, et ne rougissez pas de vous abaisser jusqu'à eux pour les élever jusqu'à vous, pour les réhabiliter et les racheter. Malgré cela, on en a vu qui ont persévéré dans la voie du bien qu'ils avaient si héroïquement reprise. Mais à quel prix ! au prix souvent de la maladie, voire même de la mort.

Si l'on veut ramener le coupable à de

meilleurs sentiments, qu'on lui rende, après l'expiation, ses droits perdus ; et qu'en l'accueillant avec bonté, on lui apprenne à se respecter lui-même et à respecter les autres. Alors, mais alors seulement, la peine aura porté ses fruits. Sans doute, le manque de ressources constitue pour le libéré un état nouveau, malheureusement trop semblable au premier. Ce manque de ressources devient, en effet, un des agents les plus actifs de récidive et la source de nouveaux désordres.

Le condamné est un malade ou une victime, ou encore un déshérité de la nature, animé de mauvais instincts. Il est sans volonté pour réagir, ou bien, trouvant dès son plus bas âge la misère, les mauvais exemples, les conseils pernicieux, il devient comme gangrené. Toutefois, même dans ces cas, la guérison est encore possible. Des hommes généreux, auxquels je tiens à rendre un légitime hommage, l'ont compris; ils ont voulu l'arracher à la prison qui le guette à nouveau ; ils ont voulu que ce malheureux que la société s'apprête à rejeter de son sein en le reléguant, puisse redevenir un bon Français. Tout relégué est un citoyen qui eût pu faire souche et, bien guidé, remplir un rôle social utile à la communauté. Dans d'autres pays, où l'on comprend mieux le régime pénitentiaire, en République Argentine, par exemple, il n'y a, pour ainsi dire, pas de récidivistes: et cela parce que, dès sa sortie de prison, le libéré est pardonné par la société ; il peut trouver du travail aussi facilement que tout autre si, par le certificat de l'administration, il prouve que sa conduite a été bonne et son application au travail satisfaisante.

Puissions-nous voir se multiplier sur notre sol français, déjà si fécond en bonnes œuvres, ces asiles de réhabilitation et de salut ! Tout en plaidant ici la cause des prisonniers, nous plaidons en même temps celle de la société. En les tenant loin d'elle, elle en fait autant d'ennemis, et d'ennemis irréconciliables.

Allons à eux dans le malheur, et ils viendront à nous dans le remords et le repentir...

DEUXIÈME PARTIE

Dans le sang et dans la mort

---

1. De la criminalité.

Dans des pages incomparables, Maxime du Camp prend à tâche de prouver que « l'emprisonnement ne saurait être exclusivement correctif ; que le temps de la peine devrait être employé à agir sur le détenu, à lui faire comprendre que le bien est supérieur au mal, non seulement au point de vue de l'intérêt général, mais encore au point de vue de l'intérêt individuel ».

D'autre part, M. d'Haussonville nous montre les causes et les moyens de réprimer les tendances de certains détenus à la criminalité. Ce n'est pas sans profit ni sans intérêt qu'on le consultera. Trop souvent, hélas! la prison fait naître ou augmente chez le détenu la haine de la société et un désir passionné de vengeance. Et c'est ce désir qui amène chez lui la récidive.

La prison tue dans l'homme les qualités qui le rendent mieux approprié à la vie en société. Elle en fait un être qui devra fatalement revenir en prison et qui finira ses jours dans un de ces tombeaux de pierre qui portent pour enseigne : *Maison de détention et de correction.*

Se regardant comme innocent, le détenu cherche rarement à se corriger. Ce n'est pas lui, mais la justice qui s'est trompée. De là les efforts constants de l'administration pénitentiaire tendant tous à la régénération morale du prisonnier, essayant de l'arracher à un passé malheureux et de l'orienter vers un avenir meilleur. Comment y répond-il le plus souvent: le terrain, hélas ! est bien aride, et la bonne semence qu'on y jette a peu de chance de grandir ; et si jamais elle y parvient, elle sera bien vite étouffée par les épines du vice et des passions...

Ce qui est vrai et ce qu'on ne peut pas ne pas admettre, c'est que le degré de culpabilité varie suivant les cas, les circonstances et les individus. Le régime cellulaire est alors celui qui convient le mieux. Il facilite davantage au détenu le retour au bien, tandis que, dans le régime commun, le respect humain ou les railleries font obstacle à ce retour. L'atmosphère y est par trop « démoralisante ».

2. Des causes de la criminalité.

Les faits de l'ordre moral comme ceux de l'ordre physique sont tous soumis à des lois invariables. Or, malgré le nombre infini de circonstances qui peuvent faire connaître le crime et les influences extérieures ou purement personnelles qui en déterminent le caractère, il n'en demeure pas moins vrai que les actes d'une volonté libre se développent dans un ordre fixe, obéissant eux-mêmes à une loi générale.

Notons, en passant, que c'est du sein des grandes villes que sortent les hommes les plus dangereux pour la société. Les criminels qui ont vécu au milieu d'agglomérations populeuses ont fait presque toujours, et dès l'âge le plus tendre, l'apprentissage du vice.

Les causes de la criminalité sont multiples : le *milieu* dans lequel naît et grandit l'enfant et la famille à laquelle il appartient ; son *éducation première* — une formation foncièrement chrétienne résiste toujours plus facilement au mal ; — la *mauvaise presse*, ennemie de toute société et de toute moralité ; les *lectures mauvaises* et les livres dangereux, qui exercent sur leurs lecteurs une action délétère ; une *science perfide*, un enseignement *matérialiste*, qui jettent dans les âmes un désarroi mortel... l'*école sans Dieu*, désavouée même par ses partisans.

« Toutes les fois que l'instruction publique était enlevée à l'Eglise, toutes les fois aussi la criminalité augmentait rapidement. Et cela s'explique : Sans Dieu, plus de morale, et l'homme sans morale tombe bien vite dans le vice. » Qu'ils ne l'oublient pas, tous ceux qui ont à cœur le bien des individus et la vie de la France.

Ajoutons les causes d'*ordre psychologique*, comme l'*aliénation* sous toutes ses formes... Dans ce cas, c'est plutôt le sujet lui-même qu'il faut étudier bien plus que les circonstances extérieures, si l'on veut se rendre compte du degré de responsabilité. La criminalité gagne aujourd'hui une jeunesse aussi malpropre que déséquilibrée. De l'aveu même des moralistes, la criminalité est contagieuse.

Enfin, dernières causes de la criminalité : la *maladie* et la *misère*.

Les crimes qui se commettent proviennent souvent de l'état morbide de leurs auteurs. Ils y contractent souvent « cette volonté aussi inexorable que désespérée, une force à la fois vitale et mortelle, un désir fébrile, un dessein sauvage » de se venger d'une existence fauchée d'avance, un besoin d'entraîner les autres dans un abîme déjà préparé, et de joncher de forfaits les quelques jours qui leur restent... Je n'en veux d'autre preuve que cette parole d'un des membres de la bande tragique, entendue et consignée dans un procès-verbal : « Que peut me faire le bagne, quand les médecins m'ont déjà condamné! »

Ne pourrait-on pas appeler ces criminels morbides des « embrasés » ? « Le feu qu'ils portent en eux est un feu dévorant, funeste, contagieux... » Il leur faut toutes les jouissances et toutes les consolations établies ici-bas pour eux et pour les autres... Plus on y réfléchit, et plus on reconnaît en eux une sorte de rage « organisée, méthodique et précise, qui mord et abat tous ces braves gens innocents et irresponsables ».

La misère est la cause de bien des maladies. Que de crimes ne fait-elle pas commettre à ceux qu'elle frappe ! Ces hommes ne disent rien, ils agissent et ils tuent. « Cette fièvre de destruction, cette brutalité d'action, cette intelligence ou plutôt cette divination de férocité réjouit la bestialité... » Les crimes que fait commettre la misère ne sont que trop fréquents.

*

Comme corollaire au chapitre précédent, nous signalerons deux causes de chute, malheureusement par trop communes : *l'alcoolisme* et *l'ivrognerie.*

L'alcoolisme est le plus rude ennemi de nos mœurs et l'allié le plus puissant du crime. Il faut s'attaquer au crime en combattant l'alcoolisme ; c'est lui surtout qui fait tous ces dégénérés de plus en plus dangereux et de plus en plus redoutables... Si le mal est grand, les moyens de le combattre ne manquent point ; encore faut-il vouloir les appliquer rigoureusement, sans souci de ménagements d'intérêts pécuniaires, individuels, qui pèsent bien peu en face de pareils problèmes.

Honneur et reconnaissance à ces hommes énergiques et courageux, fondateurs de la « Ligue contre l'alcoolisme » ! Ils ont bien mérité de la patrie et de la société.

L'ivrognerie est la source féconde d'une infinité de maux. L'ivrognerie ruine tout à la fois les biens de la fortune, de la nature et de la grâce. Celui qui aime le vin sera bientôt dans l'indigence, se plongeant, lui et sa famille, dans une extrême pauvreté. Les jours s'écoulent, et la misère arrive avec ses haillons et son cortège de douleurs et d'angoisses. Que de maisons perdues, que de familles ruinées par l'abominable conduite de ceux qui devaient en être le soutien et la force !

Après les biens de la fortune, ceux de la nature, c'est-à-dire la santé qui est le bien principal du corps, et la raison qui est la santé de l'esprit. L'homme, dans ces conditions, se ravale au niveau de la bête. Il est la honte des siens et de lui-même ; il est regardé, et avec raison, comme l'opprobre du genre humain.

Une des suites les plus regrettables, c'est qu'elle fait oublier totalement le double devoir d'homme et de chrétien. L'ivrogne n'a plus alors d'autre Dieu que son gosier qu'il lui faut, coûte que coûte, satisfaire. L'ivrognerie produit une infinité de péchés qui détruisent la grâce et les vertus qui en sont les rayons...

Connaissant les suites de ce vice au point de vue moral et physique, nous devons le combattre de toute l'énergie de nos forces, et employer les moyens d'en triompher. Il y va de nos intérêts et des intérêts des familles et de la société.

*

Je ne sais pas si les crimes sanglants sont plus nombreux de nos jours qu'autrefois? Toutefois, c'est moins le nombre des crimes qui doit nous préoccuper que la jeunesse des criminels.

> ... dans les âmes mal nées
> Le crime n'attend pas le nombre des années.

Si nous prêtons attention aux crimes commis en ces temps derniers, leurs auteurs, à peu d'exceptions près, sont des adolescents. Et c'est là ce qui en augmente la gravité, au point de vue social, et c'est aussi ce qui révèle l'existence dans le monde d'une décomposition morale propre à faire trembler.

Dans tous leurs forfaits, on trouve « les preuves d'une mentalité vraiment alarmante chez ces individus, toujours prêts à s'enrichir à tout prix sans regarder aux moyens ». Comment cette mentalité s'est-elle formée, et par suite de quelles circonstances ?... N'est-elle pas la conséquence de ce qu'on fait depuis si longtemps de nuisible au pays, sous le faux prétexte de l'émanciper et de le libérer des vieilles croyances ? En apprenant à ces jeunes gens à mépriser tout ce que nos pères respectaient, on les a faits tels que nous les voyons.

On ne peut donc pas ne pas reconnaître qu'ils ne sont point seuls responsables en face d'une démoralisation qui, dès leur plus tendre jeunesse, les a mûris pour le crime... La crainte même d'encourir les peines édictées par les lois ne suffit plus à les contenir, ils croient toujours pouvoir s'y dérober... Nous les avons entendus plus d'une fois, et leurs principes ne nous ont pas laissé le moindre doute sur leurs moyens d'action.

Sans parler de la mauvaise éducation et de la dépression causée par un excès de travail, un autre mobile, c'est la certitude que leur jeune âge les sauvera de l'échafaud. C'est la réponse que faisaient d'ailleurs deux jeunes criminels au juge, qui leur mettait sous les yeux toute l'horreur de leur crime...

En présence de pareils faits, l'épuration s'impose. Qui veut la fin veut les moyens. On ne triomphera qu'autant qu'on reviendra aux vrais principes de moralisation. Cette épuration est réclamée partout et par tous.

3. Comment combattre la criminalité.

Le moyen rationnel et radical consiste à prendre le contrepied de ce qui se fait aujourd'hui.

Au lieu de laisser l'enfant à lui-même, il faut le surveiller. Les parents ont un devoir de famille à remplir, et ce devoir est en même temps un devoir social. L'enfant est ce qu'on le fait. Si le père commet une faute et est jeté en prison, que devient l'enfant, où est la loi qui le protège, ou mieux même, qui pourvoira à ses premiers besoins? Tous ses camarades d'école ou d'atelier, s'il est déjà apprenti, savent, par la publicité des journaux, la faute du père; le fils en souffre, il en supporte les conséquences, lui qui est innocent, par des railleries ou des dédains. C'est alors que lui vient l'idée de se venger, idée naturelle, puisqu'il est incontestablement victime d'une injustice. Pour peu que la détention préventive se prolonge, le père gémit, crie à l'arbitraire, sa femme s'en fait l'écho dans la famille ; et voilà, pour une infraction, quelquefois bénigne, comment plusieurs enfants commencent à être contaminés.

Ajoutons à cela la misère ; que la paye du père manque ou non, l'estomac des enfants a les mêmes exigences, le même appétit. Comment alors le satisfaire ? Pas de travail, l'abandon des enfants à la rue, les mauvais exemples, les liaisons dangereuses, germes pernicieux qui grandissent et produisent plus tard leurs fruits nocifs. Tels sont les résultats de la misère. Que faire alors, sinon protéger l'enfant dès qu'on le sait seul...

Nous pourrions assigner plusieurs *causes* de chute. Qu'il nous suffise d'en rappeler deux principales : pour le prisonnier, c'est un *séjour* par *trop prolongé* dans la prison. Il suffit d'un fruit gâté pour corrompre tous les autres. Déjà, au Dépôt, quelle affreuse promiscuité dans ce « ramassis » de toutes les classes...

C'est encore *l'absence de toute morale religieuse*. Nous savons ce mot de Voltaire : « Il n'y a qu'une morale, comme il n'y a qu'une géométrie, et cette morale vient de Dieu. »

C'est ensuite *l'attitude* des juges vis-à-vis des inculpés ou des coupables. Il ne nous appartient pas de nous prononcer dans une matière aussi délicate. Nous les en remettons à leur conscience.

Une forte éducation morale est seule capable d'endiguer ce torrent toujours menaçant du vice et des passions. *Je pourrais citer* à l'appui les noms bien connus de nos philosophes.

Le jeune homme qui suivra ces principes de morale affrontera victorieusement tous les dangers, en même temps qu'il évitera toutes ces chutes qui font sa honte, la honte de sa famille...

*

Beaucoup, parmi ceux qui ont étudié la question, se sont demandé, non sans raison, si la tendance de la société à se substituer à la famille dans l'éducation de l'enfance est raisonnable.

Jusqu'à présent, ses efforts plus apparents que réels pour moraliser l'enfance ont échoué. Ceux qui ont collaboré à cette tâche, aussi difficile que délicate, et dont la sincérité est mise hors de doute, ont condamné nettement l'œuvre comme manquant d'unité de direction pendant ces quarante dernières années. Nous pourrions apporter ici l'autorité de leurs noms.

Le foyer, cette éducation domestique, sert de point d'appui à l'enfant pour entrer en contact avec l'humanité, son champ ordinaire d'action. Il perçoit tout d'abord le sens caché qui relie la créature à la cause infinie, sa conscience toujours tenue en éveil, son intelligence et sa volonté progressivement développées reçoivent l'empreinte ineffaçable de la grandeur morale, du discernement, du respect de soi-même et des autres, ainsi que le culte sentimental et positif de notre plus grand élément de bonheur ici-bas : le travail.

Enfin, au mauvais exemple, on opposera le bon exemple, cette « digue puissante, pour arrêter le torrent de crimes qui envahit chaque jour, et de tous les côtés, la société et menace de l'engloutir ». Il s'agit ici et surtout de la criminalité juvénile. Point de jour où nous n'apprenions la commission de crimes nouveaux par des gamins, innocents sinistres à la lèvre imberbe et à l'œil morne. Le coupable a seize ans au plus, quel a été le mobile de son crime ? Le mauvais exemple. Il a vu et il a agi. Beaucoup plus malléable que l'homme mûr, l'adolescent subit plus que lui les influences qui l'entourent. L'enfant et le tout jeune homme ne sont ni bons ni mauvais, à de rares exceptions près, tous deux sont ce qu'on les fait. Un de leurs grands maîtres est l'exemple. Puisse-t-il être bon!

Nous sommes à même de le reconnaître dans nos visites journalières aux détenus. Que de jeunes gens, même de bonne famille, expient, dans nos prisons, leur trop grande faiblesse et leur trop grande imprudence ! Puissent-ils, dans le silence de la cellule, prendre, pour l'avenir, de sages et fortes résolutions ! Le milieu où pousse cette graine de jeunes meurtriers est un terrain en tout point favorable au foisonnement de la plante malsaine.

La criminalité des mineurs, phénomène jadis exceptionnel, s'étend, de nos jours, comme une ligne sanglante sur une jeunesse déséquilibrée; et cela, aussi bien dans ce tourbillon qu'est Paris que dans le calme de nos plus lointaines campagnes.

Il est donc temps de réagir contre cette redoutable « facilité d'assimilation » de notre jeunesse moderne. Le besoin d'imitation est une des caractéristiques du peuple français. D'où cette nécessité pour tous du bon exemple. La morale, mais la morale en action, est, plus que jamais, à l'ordre du jour. Avec ce qui se dépense de courage, de sacrifice et de vertu, il devient facile de modeler l'âme de la jeunesse et de tirer de cette cire encore molle un type digne d'être offert en exemple aux autres...

4. La peine de mort.

Cette question, dont l'application rencontre autant d'adversaires que de partisans, est par trop importante pour que nous puissions prendre sur nous la responsabilité de la résoudre.

Nous n'avons pas oublié les paroles du roi Josaphat aux juges de son temps : « Prenez garde à la manière dont vous agissez; car vous n'exercez pas la justice d'un homme, mais aussi celle de Dieu. Ainsi, vous serez responsables de tous les jugements que vous rendrez. Ayez donc la crainte de Dieu dans le cœur, et faites toutes choses avec beaucoup de soin et de diligence, considérant qu'il n'y a en Dieu ni injustice, ni acception de personne, ni corruption par des présents. »

Examinons tout d'abord le droit qu'a la société de disposer de l'existence de ceux de ses membres qui attaquent la sienne ou celle des autres. Ce droit est celui de la légitime défense que tout individu tient de la nature : le droit d'exister, et il ne change pas de caractère, quand l'exercice en est collectif et régularisé par les lois. Tant que l'application en est nécessaire pour la sûreté du corps social, elle est un devoir pour l'autorité publique.

Sans vouloir discuter ici cette question tant de fois agitée dans nos assises parlementaires, rappelons cette parole d'un homme, dont l'autorité, en pareille matière, ne peut être mise en doute : « Si l'abolition de la peine de mort, dit M. J. Baude, n'est qu'une question de temps et d'opportunité, le maintien de la loi serait bien près d'être une barbarie, et il serait misérable, quand elle serait condamnée au fond, de chercher à la conserver provisoirement. D'un autre côté, quand un homme qui, à une haute expérience joint le mérite d'avoir su résister aux entraînements de son cœur en présence des besoins sociaux qui prescrivaient ce sacrifice, va jusqu'à douter de l'efficacité de la peine capitale comme moyen de prévenir le crime, il ajoute aux craintes que la rigueur du châtiment et l'impossibilité d'en réparer l'erreur, peuvent jeter dans les âmes du législateur, du juré, du juge ; il risque d'ébranler la fermeté de leur raison dans l'accomplissement des devoirs où elle devient le plus nécessaire. »

Ajoutons que le spectacle de ces sacrifices expiatoires présente un danger que n'atténuent pas suffisamment les considérations d'ordre et de justice qui y donnent lieu... En général, le sang appelle le sang et la vue du sang versé sur l'échafaud n'a pas la vertu, quoi qu'on dise, d'arrêter le faible ou le pervers sur la pente fatale du crime.

A ce compte, la peine capitale serait inefficace ou peu s'en faut. M. Bérenger, dont l'autorité fait loi, va plus loin encore. « Il est reconnu, dit-il, que, dans les pays où la peine de mort a été soit abolie, soit très rarement appliquée, les mains des peuples sont devenues plus douces et les crimes capitaux extrêmement rares ; et, ce qui est hors de conteste, c'est l'action qu'exerce sur un peuple la mansuétude de ses lois. » Et encore, faut-il tenir note de la question des milieux, toujours si importante ici.

Si la vue de l'échafaud pousse au crime plutôt qu'il n'en détourne, pourquoi donc laisser devant les yeux de la foule un spectacle aussi odieusement provocateur, et comment résister encore à demander l'abolition d'une telle peine?

Dira-t-on qu'il faut des exemples ? Pour apprécier la valeur de l'exemple, ce n'est pas la conscience des coupables qu'il nous faut interroger, mais celle des individus dont une intimidation salutaire a pu comprimer la perversité. Que d'assassins ont déclaré que le souvenir d'exécutions auxquelles ils ont assisté n'a pu retenir leur bras meurtrier.

Que dire et que penser des exécutions elles-mêmes ? Quelles impressions salutaires peuvent-elles produire sur l'assistance et sur le condamné ? Le législateur a voulu que la multitude y reçût une impression de crainte et de respect pour la justice, mais elle n'y cherche et n'y rencontre que des émotions. Quant au condamné, il cherche et il trouve dans tout cet apparat, bien lugubre toutefois, une occasion de se grandir... Orgueil vraiment ridicule et bien mal placé ! Et, en effet, soit dégoût de la vie, soit bravade, soit courage réel, le cas est bien rare, certains criminels vont à l'échafaud comme ils iraient au théâtre. Nous en avons été plus d'une fois le témoin attristé...

La société chrétienne ne se venge pas : si elle punit, c'est pour réprimer et pour prévenir. Prévenir et réprimer, tel doit être toujours le principe du droit pénal. Les peines doivent se renfermer dans la mesure nécessaire pour empêcher de nouveaux crimes ; rien de plus, rien de moins.

Nous terminons par une pensée de Pascal dans une de ses Provinciales :

« Supposons, dit-il, que ces personnes publiques (juges chrétiens) demandent la mort de celui qui a commis toutes sortes de crimes, lui porterait-on un poignard dans le sein ? Non ; la vie des hommes est par trop importante, on y agit avec plus de respect, les lois ne l'ont point soumise à toutes sortes de personnes, mais seulement aux juges, dont on a examiné la probité et la suffisance. Il faut que, parmi les juges qui sont appelés à prononcer la sentence de mort, il n'y en ait aucun qui ait été offensé par le criminel, de peur que la passion n'altère ou ne corrompe son jugement. Et vous savez qu'afin que leur esprit soit aussi plus pur, on observe encore de donner les heures du matin à ces fonctions, tant on apporte de soins à une action si grande, où ils tiennent la place de Dieu, dont ils sont les ministres, pour ne condamner que ceux qu'il condamne... »

5. De la sentence à l'exécution.

Depuis la disparition de la Grande Roquette, le dépôt des condamnés à mort a été transféré à la prison de la Santé. Non loin de leurs cellules, sont les préaux ou promenoirs où, chaque jour et aux heures réglementaires, ils vont prendre l'air, mais toujours accompagnés de leurs gardiens, et les menottes aux mains, précaution indispensable à l'égard d'hommes trop souvent dangereux. Toutefois, l'homme le plus rude a conscience ici de sa propre faiblesse. Le milieu dans lequel il vit, le silence qui l'enveloppe, tout le porte au calme. Replié sur lui-même et songeant à son malheur, quel autre souci peut-il avoir que celui d'une existence brisée? Aussi, voyez son air sombre et rêveur !

De retour dans sa cellule, il revient à ses pensées. La sentence de mort, véritable « épée de Damoclès », demeure toujours suspendue au-dessus de sa tête. Un engourdissement général gagne bientôt son être tout entier. Ballotté entre l'espoir et la crainte, il ne sait plus de quel côté aiguiller sa vie. S'il est chrétien, il trouvera dans la religion force, courage et résignation. Sans religion, il est impossible de supporter cette longue et cruelle solitude de la prison !

La cellule du condamné n'a rien de particulier. Elle est la même que celle des autres détenus, sauf les dispositions intérieures qui varient selon celui qui l'occupe. Le guichet toujours ouvert rend la surveillance plus facile. Tout gardien a le devoir de l'épier jusque dans ses moindres mouvements...

O liberté, toujours si chère au cœur de l'homme, tu as fui à jamais de ce lieu sinistre ! Une seule pensée étreint ces malheureux, la grande pensée de la mort, si salutaire et si redoutable à la fois ! Comme distraction, la lecture. Ils trouvent dans les livres de quoi se distraire et de quoi s'instruire. Nous en avons vu qui occupaient leurs nombreux loisirs à écrire, à dessiner ou à prier.

L'âme qui prie, fût-elle la plus brisée, se relève peu à peu ; la tige reverdit, sa tête se redresse, les fleurs s'épanouissent ; alors que l'horizon se rétrécit, que le ciel s'obscurcit pour l'âme qui ne prie pas ; il s'élargit pour celle qui prie, le nuage se déchire, le ciel s'éclaircit, la lumière devient plus brillante. Les prières qui se sont reposées un instant auprès du trône de Dieu en redescendent chargées de faveurs célestes qui la pénètrent et la transforment. (Mgr MIGNOT, *archev. d'Albi.*)

Heureux le condamné qui sait le comprendre ! plus heureux celui qui fait de la prière son obligation de chaque jour et de chaque instant ! il se sent calme dans la tourmente ; son âme vit en paix, et il espère contre toute espérance. Défense de parler au condamné des choses du dehors : sa cellule est comme « un tombeau anticipé, loin du monde et des choses du monde ».

Le régime gras est le régime du condamné à mort. Il peut aussi profiter de la cantine, mais à titre onéreux. Au retour du Palais et le verdict prononcé, tout condamné à mort revêt un costume particulier : béret, gilet, veston, pantalon, sandales, couleur marron. Ses effets personnels lui sont remis au matin de l'exécution ou à son départ pour le bagne, si sa peine est commuée. Le condamné à mort a droit au parloir : la visite d'un père, d'une mère, d'un frère, d'une sœur, ne peut que lui faire du bien ; il se sent moins seul dans ces heures de sombre tristesse.

La mort ou le bagne, triste alternative ! attente redoutable et toujours redoutée ! Il reçoit aussi, s'il veut, la visite de l'aumônier. Ce malheureux qui, libre, se tenait éloigné du prêtre, est heureux de le retrouver dans ces heures d'angoisse et de tristesse ! Il en fait alors son confident et son ami.

— Bon ange, s'écrie-t-il en le voyant, bon ange, venez à mon secours !

Plus le délai entre la sentence et l'exécution se prolonge, plus aussi redoublent les souffrances ! souffrances morales bien autrement cuisantes que les souffrances physiques ! Quelle souffrance ou plutôt quel martyre de penser que le jour présent est peut-être le dernier et que le soleil du lendemain n'éclairera plus qu'un cadavre ! Quel martyre encore que ces matinées où, chaque fois que la porte s'ouvre, il se demande, dans le silence de sa conscience, si l'heure de l'expiation n'a pas sonné !

L'aumônier et l'avocat ont le droit de visiter les condamnés à mort ; l'aumônier seul, et l'avocat en compagnie des gardiens. L'aumônier, nous l'avons dit, est pour eux un ami ! il est aussi leur confident et leur conseil. Il leur parle de la famille, et le nom d'une mère, à peu d'exceptions près, trouve toujours écho dans leurs cœurs, quand il ne leur arrache pas des larmes ! Il leur parle aussi, et surtout, de Dieu, de leur première Communion ; et ces souvenirs, quoique lointains déjà, exercent sur eux une puissante et heureuse influence. Malheur à celui qu'un pareil souvenir laisse froid ! Cette fibre brisée, tout espoir de retour est perdu !

Ceux-là mêmes qui refusent les secours de la religion reçoivent l'aumônier avec plaisir. Ils savent que cet homme « vêtu de noir » a pour mission et pour devoir de les consoler et, qu'étant le représentant et le ministre du Dieu de miséricorde et de pardon, il ne saurait les abandonner ! Il les suivra même jusqu'à l'échafaud, jusqu'au poteau pour leur donner, avec un dernier souvenir, une dernière et suprême bénédiction.

*

Le réveil. — Nous touchons à l'heure de l'expiation, au châtiment suprême ! De grand matin, le groupe des autorités judiciaires, l'aumônier, l'avocat et le médecin attendent l'heure que les hommes de loi, « peu soucieux de poésie », dénomment « l'heure légale ». Les minutes semblent longues à celui à qui revient l'angoissante besogne du réveil !

Mais l'heure tinte timidement à l'horloge de la Santé. Conduit par le directeur de la prison, le lugubre cortège se dirige vers la cellule du condamné. A cette heure matinale, un silence profond règne dans toute la maison. Le malheureux dort et, le plus souvent, profondément. Il a attendu si longtemps qu'il espère encore. Cependant, un bruit inaccoutumé, celui de pas, l'éveille. Il semble alors rêver, et sa première sensation est celle d'un homme fatigué qu'on réveille en sursaut. Las, il veut dormir encore. Mais le verrou est tiré à l'extérieur, la porte s'ouvre toute grande ; on entre, c'est la Justice ; c'est le monde de la prison qu'accompagne l'aumônier, l'ami fidèle, l'ami des derniers jours. Quel réveil ! un frisson lui parcourt le corps. Un simple coup d'œil lui a suffi ; il n'a plus sommeil, comme s'il n'eût jamais dormi, comme si jamais plus il ne devait dormir !

Et quand il apprend que son pourvoi en grâce, sa dernière planche de salut, est rejeté et que tout espoir a disparu, c'est alors l'effondrement. Ses membres se mettent à trembler, ses genoux s'entrechoquent, les yeux sont hagards, il cherche ses vêtements ; il lui faudra, pour s'habiller, le secours des gardiens. Quel tableau ! C'est la fin de ce trop long martyre.

Le magistrat l'invite au courage, à la patience. Mais lui, tout entier à la grande pensée de la mort, semble ne pas l'entendre. Il est d'une pâleur « cadavérique » ; il tremble, il a peur ; ce n'est plus un homme, mais une « loque » humaine. Tous alors s'éloignent, et l'aumônier reste seul avec lui. Dieu seul sait ce qui se passe en ce moment solennel et décisif... Si ce malheureux comprend son devoir, le prêtre n'est plus seulement pour lui un ami, mais un père, le père du prodigue recevant dans ses bras et pressant sur son cœur l'enfant de sa douleur et de son amour. Pour nous, qui avons assisté tant de fois à ces scènes de tristesse et d'angoisse, nous en conserverons toute notre vie le souvenir. Si le condamné refuse les secours de la religion, l'aumônier ne l'abandonne pas cependant ; il l'accompagnera jusqu'à l'échafaud, jusqu'au poteau, sollicitant auprès de Dieu sa conversion. Cette dernière heure peut être pour cet égaré l'heure de la grâce !...

A partir de ce moment, les lèvres du malheureux condamné restent closes, à moins de dernières déclarations... C'est déjà le silence de la mort.

Un autel est dressé non loin de la cellule ; et, par les soins de l'aumônier, pendant qu'au dehors on dresse l'affreuse machine. Quelle scène de mystérieuse grandeur que celle de cette dernière messe en présence du condamné ! Le souvenir nous en reste à tous, à la vue surtout de l'admirable transformation opérée chez lui par la sainte Communion. Il nous avait parlé souvent de la mort, mais comme on parle d'une chose lointaine ; mais maintenant il la voit venir avec calme, soumis qu'il est à la volonté de Dieu. Quel exemple pour celui qui ne croit pas !...

Ces sentiments, disons-le avec regret, ne sont pas les mêmes chez tous. Nous en avons vu affronter ces derniers moments sans émotion, du moins apparente. Une telle « crânerie » en face de la mort est toujours de très mauvais aloi !...

Les devoirs religieux accomplis, le condamné se lève et, accompagné de deux gardiens qui le soutiennent, il se rend au greffe de la prison, où doit se faire la « dernière toilette ». C'est là aussi que se fait la levée d'écrou. Pour cette dernière toilette, un des aides du bourreau échancre la chemise du patient jusqu'à mi-dos, tandis que l'autre coupe les cheveux de manière à les tenir le plus éloignés du cou. La toilette achevée, le condamné, les pieds et les mains liés, franchit péniblement le court espace qui le sépare du fourgon qui doit le conduire à l'échafaud.

On lui jette son vêtement sur les épaules. (Si c'est un parricide, il a les pieds nus et un immense voile noir lui couvre la tête. Au bas de la machine, l'huissier audiencier donne lecture du jugement. Ainsi le veut la loi qui aggrave, sous cette forme, la peine de mort pour les parricides.)... Mais l'heure approche ; machinalement le condamné prend place dans la voiture, le plus souvent accompagné de l'aumônier qui, durant le trajet, l'exhorte à faire à Dieu le sacrifice de sa vie. Quel souvenir encore pour nous que celui-là, lorsque, assis auprès de ce malheureux, nous sentons battre son cœur contre le nôtre ! recueillant, avec ses dernières larmes, sa dernière prière !...

*

L'exécution. — La guillotine est dressée et le couperet mis en place. Quel spectacle offre aux regards cette partie du boulevard Arago, lieu ordinaire des exécutions ! La brigade de réserve de la police forme les barrages supplémentaires. Un peloton de gendarmes à cheval fait face à la guillotine. Tout à l'heure, à l'arrivée du fourgon, ils mettront sabre au clair.

Des gardes municipaux à cheval ferment les voies pendant que d'autres, à pied, forment la haie sur le parcours. Des voitures automobiles amènent les magistrats et autres autorités non loin de la machine qu'encadrent les journalistes et quelques rares curieux.

La foule, toujours avide de spectacles sensationnels, est maintenue à distance. A la grande Révolution, c'est aux barrières de Paris qu'elle se portait, là où les têtes des « mauvais aristos » tombaient par centaines. Cette foule, alors, était impatiente et excitée. « La soif du sang croît lorsqu'on cherche à l'apaiser, jamais on ne l'étanche; pendant la journée, la foule avait vu tomber cent têtes sous le couteau, elle voulait s'assurer que, le lendemain, elle en verrait tomber cent autres. »

Déjà tout est prêt. Le fourgon s'arrête à

la hauteur des bois de justice. L'instant est solennel ! La porte s'ouvre, et le condamné descend soutenu par l'aumônier. A sa vue, la foule se découvre ; l'angoisse étreint chacun. D'un geste rapide, un aide arrache le vêtement du condamné qui, jeté sur la machine, ne peut opposer la moindre résistance. Le couperet tombe, *justice est faite !*

Jeté dans un immense panier, le corps palpitant du supplicié est placé ensuite dans la voiture (la même qui l'avait amené), et tous, magistrats et gendarmes prennent la route du cimetière (Ivry), où doit avoir lieu l'inhumation ou le simulacre dans le cas où le corps, non réclamé par la famille, est envoyé à l'Ecole de médecine à fin d'autopsie.

« Qu'il repose en paix, celui qui a vécu dans la tourmente ! »

6. Les exécutions.

Au nombre des condamnés à mort qui ont payé leur dette à la justice et à la société (et ils sont nombreux) se trouvaient des assassins, des espions et des traîtres. Nos annales judiciaires et notre histoire nationale s'en souviennent et s'en souviendront.

Pendant que nos braves poilus versaient leur sang au champ d'honneur et pour la patrie, des hommes, guidés par un intérêt personnel et sans souci aucun des malheurs de la patrie, versaient le leur au champ de la honte et du déshonneur; tandis que d'autres, ennemis irréconciliables de l'ordre et de la société, jetaient partout la menace et la terreur, brûlant, tuant, pillant.

Il ne nous appartient pas de juger leurs actes et leur conduite. Ministre du Dieu de paix et de miséricorde, notre devoir est d'apporter le réconfort si nécessaire à ces heures d'angoisses et de souffrances, et de tourner vers l'au-delà les regards et les cœurs. Condamnés par les hommes, ils peuvent, s'ils le veulent, obtenir de Dieu leur pardon. Disons-le ici, à leur éloge, tous ou presque tous l'ont voulu. Foulant aux pieds toute rancœur et tout respect humain, presque tous ont accompli leurs devoirs religieux avec bonheur, je pourrais dire même avec piété, recouvrant la joie des premières années. Cette âme qu'ils avaient humiliée, torturée, rendue l'esclave de leurs passions et traînée dans la fange, est sous l'action salutaire de la grâce revenue à Dieu, purifiée par le repentir et rajeunie par les sacrements. Car le cœur de ces égarés n'était pas complètement fermé à tout sentiment honnête et généreux. Et c'est là le triomphe de la grâce et la joie du prêtre.

Le premier que j'accompagnai à la guillotine était le parricide Duchemin. Les circonstances particulièrement odieuses qui avaient accompagné le crime dénonçaient le coupable à la vindicte publique. Le malheureux était le meurtrier de sa mère, et le vol était le mobile de son crime. « L'argent est le ferment du vice et de l'ignominie. »

Ses lettres me faisaient assez connaître son repentir. Nous n'en citerons qu'une :

Cher Monsieur l'Aumônier,

La vie brisée par mon épouvantable faute me fait penser que votre visite effacerait pendant quelques moments cette douloureuse vision pour laquelle quelques-unes de vos paroles me sont indispensables.

Délaissé de tout le monde, même de mes proches parents, il ne me reste plus qu'à compter sur la bonté divine ; et que cet espoir me donne la force de supporter le martyre de la captivité.

Dans l'espoir, etc.

Je le confessai et le communiai. Disons à son éloge que, dans l'accomplissement de ses devoirs religieux, il apporta toujours la même foi et la même sincérité. Il avait retrouvé la joie de ses premières années. « Les voies de Dieu sont impénétrables, et ses jugements sont incompréhensibles! »

Détail touchant: pendant qu'on lui faisait la toilette, la dernière toilette, un de ses parents lui demanda pardon pour celle qui l'avait dénoncé. Et lui, de répondre:

— Je lui pardonne.

Il alla au supplice, comme tout parricide, les pieds nus et un voile noir sur la tête. Il y alla avec courage, et mourut de même... Le repentir, quand il est sincère, gagne toujours le cœur de Dieu !

*

On rencontre quelquefois dans la nature de ces bizarreries qu'on ne peut s'empêcher d'admirer. Nous en avons un exemple frappant dans cet assassin redoutable : Liabœuf. Nature vive et brutale, il cachait sous cette écorce quelque peu rugueuse un bon cœur. Mieux cultivé et loin de ces milieux troublés dans lesquels il vivait, il eût été un de ces êtres rangés, capables de rendre à leur entourage de réels services. Et c'est là un des bienfaits d'une éducation bonne et sérieuse.

Inutile de rappeler ici les circonstances de l'affreuse tuerie dans laquelle plusieurs agents tombèrent sous les coups de ce jeune et redoutable apache de vingt-quatre ans.

Aux assises, l'horreur de son crime et son rare cynisme lui valurent la peine de mort. Une lettre écrite à l'un de ses amis au sortir de l'audience nous peint bien la mentalité de ce malheureux.

A la Santé, il passait son temps à écrire et à dessiner : dessins allégoriques et qui, tous, rappelaient son affaire. Ce refrain aussi lui revenait souvent à la mémoire : « O toi, que ma voix implore... et bientôt mourir!... »

Je cherchais le moyen de lui causer, quand j'aperçus sur sa table la photographie d'un premier communiant. C'était lui. J'en profitai pour lui rappeler les joies de ce beau jour, une larme avait coulé de ses yeux. Je croyais la cause gagnée, et je m'en réjouissais à l'avance quand, le lendemain, je reçus la lettre suivante :

Monsieur l'Aumônier,

Votre visite d'hier m'a été extrêmement pénible. Je vous serais très reconnaissant de ne plus m'en faire en aucun moment. Même si j'avais dû subir ma condamnation, je n'aurais pas voulu du prêtre. Veuillez croire ma résolution comme définitive.

Recevez, etc.

Cette lettre se passe de commentaire. Jusqu'au dernier moment, il refusa nettement, mais poliment, les secours de la religion. En allant à l'échafaud, il n'eut qu'un cri :

— Ma mère! ma mère ! Je veux embrasser une dernière fois sa photographie.

Il mourut comme il avait vécu ! « Telle vie, telle mort ! »

Pendant ce temps, une effroyable mêlée se produisait au dehors. Sous la pression de la vague humaine, tout s'était animé. Aux coups de feu succédaient les cris des blessés.

L'exécution de Liabœuf fut une des plus troublantes et des plus tourmentées.

L'homme qui sait se posséder se montre supérieur à toute contestation. et se tient au-dessus des révoltes de la nature. En paix avec lui-même, il vit en paix avec les autres. C'est pour l'avoir oublié que Renard s'est vu condamner à mort.

C'est le soir même de son arrestation et après une première instruction que Renard fut envoyé au Dépôt. Arrivé à la Santé, il m'écrivait :

Monsieur l'Aumônier,

Ayant à vous parler, voulez-vous bien avoir l'obligeance de venir me voir sitôt que vous le pourrez.

Recevez, etc.

J'allai le voir dans sa cellule, et, le trouvant complètement déprimé, je le consolai de mon mieux. Je reçus depuis plusieurs lettres de sa famille, empreintes toutes d'un chagrin profond.

Aux assises, Renard ayant été reconnu responsable fut condamné à mort. Il entendit la sentence suprême sans le moindre tressaillement. Sa seule défense était « qu'il avait bu et qu'il ne savait pas ce qu'il faisait ». Triste et faible défense en face de son crime. Depuis, il fut calme et résigné dans son malheur, lisant et priant. Et tous ceux qui l'approchaient en étaient édifiés. C'est auprès de Dieu qu'il trouvait force et consolation. C'est dans ces sentiments qu'il reçut plusieurs fois les sacrements, et toujours avec la même foi et la même piété.

Nous touchons à l'heure fatale. La nuit calme, sans pluie et sans autres incidents, poursuit sa course triste et monotone, prologue d'une exécution sans heurts et sans crise. Et, pour parfaire cette impression de monotonie uniforme, la cloche d'un couvent voisin sonne, semblant égrener dans l'espace, avec ses tristes vibrations, les derniers moments de celui qui va mourir.

L'aube, enfin, est sur le point de paraître. Déjà même des lueurs imprécises flottent dans l'air, annonçant la venue prochaine du jour. A cette heure, la nature se réveille pour vivre, et le condamné, lui aussi, se réveille, mais pour mourir !...

Enfin, le voilà en face de la lugubre machine, il baise le crucifix, dit adieu à l'aumônier ; encore quelques secondes, et il aura payé sa dette à la justice et à la société.

« Vous ne déroberez point... vous ne tuerez point. » Telle est la loi portée par le Dieu de toute justice ; loi générale imposée à l'humanité. C'est pour ne l'avoir pas respectée que Bour est mort sur l'échafaud. Le vol a été le mobile de son crime.

Je me suis présenté plusieurs fois à lui, lui offrant les secours de la religion. Il les a toujours refusés, et sa fin malheureuse en a été la conséquence. Il est mort dans l'impénitence comme il avait vécu dans la tourmente, jetant un injurieux défi à Dieu et à la société.

L'heure décisive a sonné, et déjà, dans le lointain, sifflent les usines. C'est le réveil de la grande ville. Bour quitte sa cellule en chantant... et il marche au supplice avec une « crânerie » insolente. Il n'avait eu pour tout réconfort et pour toute consolation que sa cigarette qu'il jeta au pied de l'échafaud !

Les mauvaises fréquentations ont bien vite effacé les notions saines puisées au sein de la famille. Et quand la famille est chrétienne, ces notions n'en sont que plus profondément gravées. Les bons milieux font les gens sérieux...

Un des grands dangers, à notre époque, pour la jeunesse surtout, est la vie dissipée, épanchée au dehors ; comme aussi la meilleure sauvegarde, c'est la vie de famille... Ce foyer domestique si cher à nos aïeux est à charge à beaucoup ; de là ces désertions nombreuses, causes ordinaires de tant de désordres... S'il l'avait mieux compris, ce pauvre jeune homme ne serait tombé ni si vite ni si bas ; car il a payé de sa tête ses imprudences et ses débauches. Son crime avait jeté dans la consternation un des centres les plus populeux de la capitale. La victime était une honorable septuagénaire chez qui Lage logeait. Il associait à son crime deux de ses camarades, échappés, comme lui, de la famille.

Le jour des assises, les voilà tous trois en face du jury. Au réquisitoire de l'avocat général succèdent les plaidoiries... Le verdict est ferme et affirmatif sur toutes les questions. Deux, reconnus plus coupables, sont condamnés à la peine de mort. Le troisième, bénéficiant des circonstances atténuantes, a été condamné à la détention...

Leur retour à la Santé ne se fit pas sans causer un certain émoi. Je visitai les deux condamnés à mort et leur fit faire leurs devoirs. C'est au milieu d'abondantes larmes, larmes de repentir et de joie, qu'ils se confessèrent et communièrent. L'un d'eux, en se relevant, me dit :

— Je suis un homme !

Il voulait dire par là qu'il était supérieur à toute pensée de respect humain. Sentiment noble et généreux.

Je reçus de la famille de l'un d'eux des lettres pleines de sentiments chrétiens et affectueux. Le doute qui pesait sur elle ne faisait qu'augmenter son chagrin. « Dites à ce pauvre dévoyé que nous prions bien pour lui... »

Mais l'heure de l'expiation approche. En

même temps qu'on fait part à Lage du rejet de son pourvoi en grâce, il apprend avec joie la grâce de son complice. Quant à lui, l'énormité de son crime lui avait enlevé tout espoir de pardon. Cependant, malgré la rigueur du moment, il est calme et résigné.

— Mon Père, me dit-il, je vais mourir ! Je suis bien coupable ! Je l'ai mérité ! Je suis heureux d'expier mon crime ! Je demande pardon à Dieu et à la société ! Dites bien à mes parents que je meurs repentant et en pensant à eux ! Dites-leur bien que je leur demande pardon !

C'est dans ces sentiments qu'il est mort, non sans avoir fait à Dieu le sacrifice de sa vie.

Avant de partir pour le bagne, Vervalette, son complice, gracié au dernier moment, me remit ces quelques vers à titre de remerciements et d'adieu :

ADIEU !

Adieu ! ce mot est triste au cœur !
C'est une plainte de la brise,
C'est un souffle de saule pleureur,
C'est un doux lien qui se brise !

Adieu ! c'est le mot qui désarme ;
Adieu ! c'est le mot qui fait mourir ;
Adieu ! se dit dans une larme ;
Adieu ! se dit dans un soupir.

La bande tragique (triple exécution).

On n'a pas oublié les exploits de cette bande « sinistre » qui terrorisait, à une certaine époque, toute la région parisienne... Avec Bonot mourait la légende qui faisait de ce bandit un héros ! héros de roman plutôt que d'histoire...

Ils étaient partout, jetant autour d'eux la crainte et la terreur. Attentats, vols, assassinats, tel est le bilan de la bande tragique : Paris, Romainville, Montgeron, Chantilly, Pontoise, Ivry, Choisy-le-Roi, Nogent-sur-Marne, Thiais, telles en ont été les différentes étapes sans parler des autres, soit en Belgique, soit encore dans le nord de la France.

Leur arrestation fit grand bruit à Paris. A la Santé, où ils ont été écroués, je les visitai, m'attendant bien à un refus de leur part. Mais, disons-le de suite, c'est comme homme et non comme prêtre qu'ils me recevaient, imbus qu'ils étaient des doctrines antireligieuses.

Carrouy, d'origine belge, était la victime des mauvaises compagnies. Il avait en horreur l'atelier, quoique ennemi de l'oisiveté. Il aimait la campagne et les travaux des champs. Je le compris bien vite, et c'est avec plaisir qu'il me recevait, « heureux, disait-il, de me faire les honneurs de sa cellule ».

— Que ne vous ai-je connu plus tôt ! me disait-il encore, j'aurais donné à ma vie une tout autre orientation ; au lieu d'un vulgaire bandit, j'eusse été un missionnaire intrépide, heureux de donner ma vie pour la bonne cause.

J'ai la confiance que Dieu aura pris bonne note de ses bonnes intentions. Il m'avait promis par ailleurs de ne pas mourir sans les secours de la religion,

Dans une de ses lettres, il me disait :

Hier encore j'ai eu un grand élan vers Dieu. Je l'ai supplié d'entendre mes plaintes, de me pardonner mes égarements... Cher Père, vous qui me connaissez, priez pour moi ! J'espère en Dieu et en vos prières pour sauver mon âme.

Nous ne nous étonnerons plus de pareils sentiments quand nous saurons que, jusqu'à vingt-cinq ans, Carrouy a été fidèle à ses devoirs de chrétien. L'éloignement de la famille et les mauvaises fréquentations ont été les causes de sa perte.

Monnier, son ami et son complice, était d'une mentalité bien différente. Il avait puisé dans de nombreuses lectures ses erreurs sur toutes les grandes questions de la religion... Sa condamnation n'avait rien changé à ses dispositions.

C'était le désespoir de sa pauvre mère. Mais rien ne frappait cet esprit malade... et ce cœur fermé à tout bon sentiment.

Esprit vague et indécis, Monnier s'était lancé dans l'étude des ouvrages anarchistes ; c'est avec un certain orgueil qu'il me faisait l'éloge de leurs auteurs, compagnons dangereux de cellule. Peut-être n'en comprenait-il pas l'esprit ? Malgré cela, il me voyait toujours avec plaisir, restant toutefois fidèle à ceux qu'il appelait ses maîtres.

Dans une de mes visites, je lui dis que « ce n'était pas seulement comme ami que je le visitais, mais aussi et surtout comme prêtre ».

— Comme ami, me répondit-il, je vous verrai toujours avec plaisir, connaissant surtout la générosité de votre cœur; mais comme prêtre, mes croyances s'y opposent.

Et pour mieux me convaincre encore, il m'adressait, un jour, la lettre suivante :

Monsieur l'Aumônier,

Je vous remercie respectueusement de l'attachement et des paroles de consolation que vous m'avez prodiguées pendant toute ma détention, et je vous en suis très profondément reconnaissant.

Pour ce qui concerne mon état d'esprit, je considère la religion comme une nécessité sociale ; mais, quant à la croyance en Dieu, malgré tous les arguments pleins de force et d'impartialité, je ne puis, malgré tous mes efforts, croire en un Dieu tout-puissant.

Très respectueusement à vous...

Pauvre jeune homme ! il a perdu dans la mêlée et dans la tourmente des passions ces germes précieux de croyances religieuses déposés dans son âme par des parents chrétiens.

Dans un dernier entretien :

— Monsieur l'aumônier, me dit-il, je tiens à ce que vous m'accompagniez jusqu'au bout, pour dire à mes parents que ma dernière pensée était pour eux.

Ce à quoi j'ajoutai :

— J'espère qu'à ce dernier moment vous reviendrez à Dieu ; je serai là pour vous pardonner en son nom...

Un gros soupir fut toute sa réponse.

Mais voici Soudy, « l'homme à la carabine ». Il m'accueilit, tout d'abord, avec une certaine défiance. Puis son cœur s'ouvrit... « tout en contemplant froidement la réalité qui se dressait implacable et terrible ».

La mentalité de ce jeune homme était vraiment troublante. Comme ses camarades, il a été la victime de lectures malsaines. Ce fut là la cause première de toutes leurs erreurs et de tous leurs crimes.

— Soudy, lui disais-je dans une de mes visites, vous qui, par votre idéal, pénétrez dans l'au-delà (il était poète), vous ne pouvez finir comme ceux qui vivent dans le terre à terre... Ce n'est pas comme ami seulement que je vous visite, mais encore et surtout comme prêtre..., c'est comme prêtre que je vous apporte les consolations de la religion.

— Monsieur l'aumônier, je n'ai jamais douté un instant de votre affection et de votre dévouement. J'ai lu autrefois le *Génie du christianisme* de Chateaubriand...

— Que ne l'avez-vous médité plus longtemps ; mais non, vous avez préféré suivre une autre voie. De là votre malheur!...

Comme réponse, je reçus la lettre suivante :

Monsieur l'Aumônier,

Vous savez tout mon plaisir de vous voir ; j'ai toujours reconnu en vous un cœur dévoué, et certainement vos visites m'ont fait du bien comme consolateur et comme ami.

Quant à la question religieuse, je conserve mon idéal et mes principes de négation.

Soudy.

Lui aussi me fit promettre de l'accompagner jusqu'au bout, mais comme ami. Comme pour Monnier, j'y ai été fidèle.

Détail : dans le parcours de la cellule au greffe, où doit se faire la dernière toilette, Soudy chante :

Salut à mon dernier matin !

Et, d'une voix modérée, il ajoute :

— Si je tremble, c'est comme Bailly sous la Révolution, c'est de froid et non de peur !

Quelques instants après, et tout est fini !

Calmin m'ayant éconduit plusieurs fois, je le visitai quand même, dans l'espoir que la sentence suprême aurait changé ses dispositions. Hélas ! c'est « l'orgueil qui fait le fond du monde, c'est lui qui l'agite et qui fait notre tourment ». Sans doute, la grâce est toute-puissante, mais cette grâce encore, il faut la demander et surtout la mériter... Calmin, comme Monnier et Soudy, a payé de sa tête sa dette envers la justice et la société.

Mais voici Martin, le jeune parricide de Cumières. Le département auquel il appartient étant envahi par les Allemands, il fut jugé à Paris...

Son crime est un des plus horribles que l'homme puisse commettre. Dans une nuit, il tue, à coups de revolver, son père et sa mère qui, après une journée de fatigues, reposaient paisiblement. Puis, son crime accompli, il reste à la maison pendant plusieurs jours, sans respect pour ses victimes et sans regrets de son crime.

Son éducation première ne laissait rien à désirer. Au foyer de la famille, il avait puisé de bons principes appuyés sur de bons exemples. Bien vu des habitants, il était en bons termes avec tout le monde. Il était heureux auprès de ses parents. Son père, bien que sévère, était bon. Lui-même nous a avoué n'avoir jamais reçu de lui la « plus petite gifle ». Aussi ne pouvait-il s'expliquer comment il avait pu commettre pareil acte.

La chose était cependant facile à comprendre, lancé qu'il était dans le tourbillon des jeux et des fêtes, en compagnie de jeunes libertins, déserteurs, comme lui, du foyer familial...

Jusque-là sa conduite était irréprochable. Le jeune Martin jouissait de l'estime générale. Son instituteur lui-même, appelé en témoignage auprès du tribunal, avouait ne pas s'expliquer cet acte :

— Si j'avais eu, disait-il, un élève à citer comme exemple, ç'eût été lui que j'eusse désigné !

Il n'en était que plus coupable.

Il profita de l'absence de sa sœur pour commettre son crime. A la Santé, je le visitai souvent, et, sur ses instances, je lui fis faire ses devoirs. Quoique fermé de sa nature, il témoigna un grand repentir de sa faute, qui jetait sa famille dans le deuil et dans le déshonneur.

Condamné à mort une première fois à Paris, il fut jugé une deuxième fois à Versailles, son procès ayant été cassé pour vice de forme. Sa conduite à la prison de Versailles fut la même qu'à la Santé. A son avocat qui lui faisait entendre son peu de chance de le sauver :

— J'aime mieux cela, lui répondit le jeune Martin ; je sais comment se conduisent mes camarades à la guerre, je mourrai courageusement comme eux.

Condamné une deuxième fois, il fut exécuté à Versailles.

Roos, d'origine flamande, était d'une nature brutale et renfermée. Il avait pour complice de ses crimes deux Flamands comme lui.

Pendant leur détention à la Santé, ils furent visités, sur ma demande, par un des Pères de la Mission flamande... Ayant reçu de leurs parents une éducation chrétienne, ils revinrent bien vite. Ils firent leurs devoirs pieusement, témoignant le plus profond repentir de leurs fautes. Pour Roos, le seul qui ait été exécuté, sa transformation totale eut lieu à la messe qui précéda l'exécution. Tous ceux qui le virent, à cette heure solennelle et décisive, en furent profondément émus...

En allant à la guillotine, et après avoir pieusement embrassé le crucifix, il fit à Dieu le sacrifice de sa vie. Il est mort en bon chrétien.

Une chasse à l'homme à la prison de la Santé.

Lacombe, ce fameux bandit qui, jusqu'ici, avait échappé aux recherches de la police, et contre lequel on avait mobilisé des forces importantes, venait enfin d'être arrêté dans une fête à La Villette. Surpris, Lacombe ne put opposer la moindre résistance, et l'on trouva sur lui tout un arsenal.

A la Santé, où il avait été écroué, il ne se fit remarquer en rien... Aussi, l'on n'aurait jamais pu prévoir le drame qui allait se dérouler. Comptant sur son extraordinaire agilité, il nourrissait intérieurement le projet de s'évader. Un matin qu'on le conduisait à la promenade, se dérobant à la surveillance du gardien, il se précipitait vers la grille, et, avec la souplesse du chat, il gagnait le toit du préau, non sans enlever deux tuiles qu'il tenait dans chaque main et dont il faisait ses armes de défense.

En quelques instants, tout le personnel de la prison était sur pied. Averti par téléphone, le Parquet se rendit à la prison pendant que la foule grossissait au dehors. Juge d'instruction et procureur parlementaient avec le bandit. Tout fut inutile. Lacombe persistait dans sa révolte. A l'avocat qui, à son tour, essayait de le calmer, il répondit en montrant le cadran de l'horloge :

— Quand l'aiguille marquera 11 h. 1/2, je me jetterai en bas !

L'arrivée des pompiers lui ayant enlevé

tout espoir de salut, Lacombe se précipita en bas, tout en évoquant le souvenir de sa mère. La mort avait été instantanée.

*

Nous voici en présence des deux lieutenants de Lacombe, Noury et Ibanès. Elevés à son école, ils y avaient puisé les mêmes principes. A tel maître, tels élèves.

L'anarchiste Noury, ami de Bonot et consorts, était depuis longtemps recherché par deux Parquets de province pour différents vols qualifiés. Son arrestation à Paris faillit coûter la vie à plusieurs de nos policiers. Malgré sa vive résistance, il fut bien vite appréhendé et conduit au commissariat du quartier, d'où il fut dirigé sur le Dépôt et de là mené à la Santé.

Ses sentiments areligieux le mettaient en dehors du service de l'aumônier. Condamné par les assises de la Seine, il fut envoyé au bagne. Il ne pouvait trouver de meilleur milieu. La mort de Lacombe l'avait sauvé de la guillotine. « A quelque chose malheur est bon ! »

Ibanès était d'un esprit peu ordinaire, et, quoique étranger, il avait quelque chose de « l'humour » français. Je le visitai souvent, et toujours sa conversation, quelque peu originale, me plaisait beaucoup. Mais jamais il ne fut question de devoirs religieux. Pouvait-il agir autrement, ayant vécu dans la tourmente des passions et des mauvaises compagnies ? Comme Noury, son compagnon de vols, il prit le chemin du bagne.

Homme intelligent et de bonne éducation, Vicini fut la victime volontaire des mauvaises fréquentations. « Tout commerce avec les méchants est un mal contagieux. »

Guidé par sa famille, il mena jusqu'à vingt-cinq ans une vie honorable, mais seul, à Paris, loin des siens, il commit ces fautes qui devaient entacher son nom et celui de sa famille. Tant il est vrai que le foyer familial est un précieux préservatif pour la jeunesse, surtout quand les parents sont chrétiens.

— Heureusement, me disait-il, que mon pauvre père est mort, car je crois que ma mauvaise conduite l'aurait tué... Dieu me pardonne mes fautes! Je ne me plains pas de ce qui m'arrive et il n'y aura pas d'expiation assez forte pour racheter mes fautes... Dieu le veut, que sa volonté soit faite!

Je le visitais souvent, et toujours il me témoignait la même satisfaction. C'est dans ces sentiments qu'il accomplit ses devoirs religieux.

Son exécution n'eut rien de particulier... Regardant les assistants, il dit ces paroles empreintes d'une certaine pointe d'ironie :

— C'est trop d'honneur. Adieu, Messieurs!

Puis, se tournant vers l'aumônier, il l'embrassa en lui disant d'une voix émue :

— Adieu, Monsieur l'aumônier, et merci !

Une seconde après, tout était fini.

Le crime dont nous parlons a été commis sur les bords de la Seine, et le meurtrier est un Espagnol. Drame de pure jalousie. Les deux coupables, le meurtrier et sa femme, comparurent devant les assises. L'un fut condamné à la peine de mort, et l'autre aux travaux forcés à perpétuité.

A la Santé, je visitai souvent Navaro. Dès la première visite, il me fit part de ses sentiments religieux. Je l'en félicitai, sachant qu'il y trouverait tout le réconfort nécessaire pour supporter avec courage et avec fruit cette dure épreuve.

Un matin que je quittais la Santé, je rencontrai l'aumônier du roi d'Espagne. Je lui parlai du malheureux Navaro, le priant d'intercéder pour lui auprès de Sa Majesté. Je lui remis en même temps quelques notes sur ce condamné.

Quelle ne fut pas sa joie quand, quelques jours après, il apprenait que, par la clémence du roi, sa peine avait été commuée. Espérons qu'il a compris et apprécié la valeur de sa grâce, et qu'il s'en rendra vraiment digne par sa conduite au bagne. Ce sera la meilleure preuve de sa reconnaissance envers le roi.

Le crime de la rue Croix-des-Petits-Champs avait pour auteurs deux déserteurs de l'armée italienne, Sannazaro et Sacco. La victime était la propriétaire de l'hôtel situé dans la même rue, et le vol était le mobile du crime. Tous deux furent condamnés à mort, plusieurs mois après, par les assises de la Seine.

Dans mes visites, je les exhortai à se mettre en règle avec Dieu par l'accomplissement de leurs devoirs religieux. Sacco accueillit ma proposition avec empressement et avec joie. Il se confessa et communia plusieurs fois et toujours avec piété. Quant à Sannazaro, après bien des hésitations, il se confessa et communia quelques jours avant son exécution. Notons un fait très rare dans les annales de la justice : Pendant la messe qui précéda l'exécution, et à laquelle Sacco seul assistait, un véritable coup de théâtre se produisait dans une des cellules voisines. Le prétendu Sannazaro, pressé sans doute par le remords, déclara aux magistrats que lui seul était coupable. Prévenu par téléphone, le garde des Sceaux ordonna de surseoir à l'exécution de Sacco. C'est au sortir de la chapelle que Sacco apprenait la nouvelle. La messe l'avait sauvé.

Le lendemain, je le revis, et il me dit sa joie. Quelques jours après, il prenait le chemin du bagne.

La justice militaire. Poteau.

Les Conseils de guerre, expression vivante de la justice militaire, ont le devoir de juger les délits militaires et les faits bien autrement graves d'espionnage et de trahison.

Les émotions du condamné en face du poteau sont les mêmes que celles du guillotiné, bien que la scène change. D'un côté comme de l'autre, c'est la mort avec ses tristesses et ses angoisses.

Les exécutions militaires se font au Polygone de Vincennes, au lieu dit la

Caponnière... Durant les hostilités, les condamnés du Conseil de guerre étaient dirigés sur la Santé. Disons à la louange des Français que presque tous ces criminels étaient étrangers.

Pour ces exécutions, ce sont les officiers du Conseil de guerre qui assistent au réveil du condamné... Après la messe (si elle a lieu), le condamné est conduit au greffe de la prison où se fait la levée d'écrou. Le temps nécessaire lui est accordé pour écrire ses dernières volontés ou ses dernières déclarations. Puis, les menottes aux mains, il prend place dans une des autos, en compagnie de l'aumônier et de deux gendarmes... Précédé par les autos des officiers, le cortège se dirige vers le fort de Vincennes, où doit avoir lieu l'exécution... Impressionnant voyage que celui-là ! A l'arrivée au fort, un peloton de dragons à cheval encadre la voiture du condamné. Qui pourra dire les pensées et les impressions de toutes sortes qui s'emparent de ce malheureux dans cette marche forcée vers la mort ! N'est-ce pas une sorte de « cinéma », où toutes les scènes de la vie se déroulent à ses yeux « enlarmés » ?

Après un court arrêt à l'entrée du fort, le cortège se remet en marche. Descendu de l'auto, le condamné fait ses adieux à l'aumônier ; puis, les gendarmes le conduisent et il passe devant le front des troupes qui présentent les armes. Au même instant, les trompettes sonnent. Arrivé au poteau, on bande les yeux au condamné, à moins de refus de sa part. Une fois le malheureux tombé sous les balles, un sous-officier s'approche et lui tire une balle dans l'oreille. C'est le coup de grâce.

Deux médecins préposés *ad hoc* constatent le décès. Après quoi, les troupes défilent devant le cadavre. Les trompettes, en passant, saluent le mort. Le défilé terminé, un fourgon militaire s'approche. On en tire le cercueil, et tout aussitôt a lieu la mise en bière, etc. (Voir plus haut.)

Le cérémonial est le même pour toutes les exécutions.

Italien d'origine, Dei Pasi est condamné à mort sous l'inculpation d'espionnage. Tout en ayant signé son pourvoi en cassation, il ne se fait pas illusion sur le sort qui l'attend.

Pendant son séjour à Marseille et à Paris, il avait procuré à l'ennemi des renseignements susceptibles de nuire aux opérations de nos armées ou de compromettre la sûreté de nos places fortes ou autres établissements militaires. Ces renseignements étaient transmis à l'étranger à des espions allemands de marque...

Sa sentence de mort a été l'exécution à Vincennes. Avant de sortir de sa cellule, il avait dit aux magistrats :

— Je reconnais ma faute; si c'était à recommencer, j'avoue que je m'abstiendrais.

Puisse-t-il avoir reconnu sa faute devant Dieu!...

Coudonyannis di Costa était né à Scyros, île grecque devenue, par la suite, la propriété de l'Angleterre et de la Turquie. Sa biographie, écrite tout entière de sa main, nous permet d'assister aux nombreuses péripéties de sa vie et de celle de sa famille. C'est un véritable roman vécu que cette vie d'aventures.

Nous trouvons dans une note du capitaine rapporteur du 3e Conseil de guerre le portrait fidèle de l'espion Coudonyannis :

> C'est un Grec au nom impossible qui avait joué du Shakespeare sur les scènes de l'Attique... Un type étrange au profil d'oiseau de proie, à l'œil fulgurant. Bien que convaincu de culpabilité par des preuves accablantes, il ne pouvait admettre la possibilité d'une issue tragique. Quand on lui annonça sa condamnation, il crut à une mise en scène de drame, prélude de sa libération. En vrai cabotin, il n'imaginait point qu'on pût mourir pour de bon à la fin de la pièce où l'on a tenu le rôle du traître. Il éclata de fureur en voyant que la tragédie n'était que trop réelle.

Pendant les longs jours de sa détention, il épuisa en vain tous les moyens pour obtenir sa grâce. Condamné à mourir une fois, on peut dire qu'il fut moralement exécuté plusieurs fois. Il trouva dans l'accomplissement de ses devoirs religieux tout le réconfort nécessaire en ces jours d'angoisses.

— Soldats de France, dit-il en passant devant les troupes, c'est à la Grèce que vous rendez les honneurs.

Arrivé au poteau, il joint les mains, adresse au ciel une suprême prière et tombe sous les balles. Coudonyannis avait payé sa dette à la justice,

Deux Espagnols, Ricordo-Gonzalès Minas et Y. Dulac avaient livré des renseignements à l'ennemi, et dans les conditions de la plus haute gravité. Pour ce, ils se virent condamner à mort par un des Conseils de guerre de Paris.

Ricordo, le plus jeune, était bien connu et justement apprécié à Madrid, où il exerçait la profession d'avocat. Il était le gendre de Dulac, son complice. Mais quelle différence dans les sentiments !

Ricordo était un type étonnant d'activité intellectuelle, mais toujours en révolte, rejetant sur son complice tout l'odieux de leur faute, et protestant hautement et énergiquement de son innocence. Il se déclarait en même temps la victime de circonstances inouïes accusant seule son imprudence.

— Il me semble, disait-il, que j'entends les murs de ma cellule répéter sans cesse le cri qui, à chaque minute, s'échappe de mon cœur : Imbécile, qu'as-tu donc fait ?

C'est bien là le cri de ces hommes livrés trop facilement aux vicissitudes et aux errements de la vie.

Je le visitai souvent, et l'invitai à faire ses devoirs religieux. Mais lui :

— Quand le dernier moment sera venu, je mettrai ma conscience en règle.

Mais la mort n'attend pas ; il mourut sans les secours de la religion !

Dulac était beaucoup plus sage et plus résigné. Aux accusations véhémentes de son gendre, il répondait en assumant sur lui tout l'odieux de la faute, tout en se croyant incapable de l'idée même de l'acte...

Ame beaucoup plus simple et beaucoup plus croyante, mais aussi moins scientifique, il écoutait volontiers mes exhortations. Peu de jours après, il se confessait et communiait avec ferveur et édification... Il avait vécu en chrétien, il mourut en chrétien !

C'est encore pour espionnage que l'Italien Monis fut condamné à mort et fusillé à Vincennes.

Dès les premiers jours de son arrestation, il comprit et déplora amèrement sa faute... Il vivait d'ordinaire d'une vie étourdissante, psssant les journées et même les nuits en fêtes et en plaisirs, dépensant follement et sans compter des sommes relativement importantes que les occasions toujours nombreuses mettaient libéralement à sa disposition. Il avait perdu jusqu'à la notion des sentiments d'honneur et de probité.

Son arrestation lui ayant ouvert les yeux, il vit bien vite dans quel abîme il s'était jeté de lui-même. Son désespoir fut grand, mais son repentir fut sincère. Dans son humilité recouvrée, il se demandait s'il était vraiment digne de pardon. Et c'est sous l'empire de ce doute qu'il vécut pendant plusieurs jours. Toutefois, il avait confiance.

— J'ai toujours été bon garçon, bon travailleur et honnête, croyez-le bien ; j'ai aimé ma mère, ma femme, mes parents et mes amis ; j'ai beaucoup souffert dans ma vie. J'ai eu de grands malheurs, mais Dieu m'a toujours assisté, bien que j'aie été un grand pécheur. Je lui ai demandé pardon, et si je reçois cette grâce, je jure que toute ma vie ne sera désormais qu'une vie de prière, de bonnes œuvres et de charité chrétienne.

A la Santé, Monis passait une partie de ses journées à prier. Il communia plusieurs fois et toujours avec ferveur. C'est là qu'il puisait cette force et cette énergie morale qui lui faisaient accepter avec courage et résignation la grande et redoutable pensée de la mort, au grand étonnement de ceux qui le voyaient et l'entendaient. Cet étonnement se changea en admiration lorsqu'on le vit ainsi transformé ! Quelle piété dans sa dernière Communion à la messe qui précéda son départ pour Vincennes !

— Monsieur l'aumônier, me disait un des assistants, je voudrais qu'un de ces hommes, qui se targuent d'incroyance, assistât à cette dernière messe d'un condamné, il serait bien obligé de reconnaître que la religion est seule capable d'une pareille transformation.

Il resta le même jusque dans la mort.

Il y a dans la vie de ces mystères dont Dieu seul a le secret.

Hofnager était un négociant hollandais, d'une famille des plus honorables. La faiblesse de son caractère et l'attrait de l'argent peuvent seuls expliquer ses actes d'espionnage au profit de l'Allemagne.

Découvert et arrêté, il comparaissait

devant le 3e Conseil de guerre qui le condamnait à la peine de mort.

Dès son arrivée à la Santé, il me fit demander. Son éducation religieuse rendait mon ministère facile. Un de ses premiers soins, une de ses plus pressantes occupations furent de mettre sa conscience en règle avec Dieu. Dès cet instant, sa vie a toujours été une vie de prière. Retiré dans un coin de sa cellule, il restait à genoux des heures entières, à ce point que les gardiens étaient pour lui remplis de respect et d'admiration.

Ce n'est que longtemps après son arrestation qu'il comprit l'importance et la gravité de ses actes. Il en montrait un profond et sincère repentir, exprimant souvent et hautement son plus vif regret pour sa famille, plus encore que pour lui-même.

Dans le trajet de la Santé à Vincennes, sa prière était continuelle, faisant de ses menottes un chapelet. Sa vie chrétienne ne pouvait être couronnée que par une mort chrétienne.

Ici, la scène demeure la même, le sujet seul change. Il s'agit, cette fois, d'un officier de l'armée française qui, reconnu coupable de haute trahison, fut condamné à mort par le 3e Conseil de guerre.

Le capitaine Estève, car c'était lui, avait fait sa carrière militaire aux colonies. Il est impossible que le climat déprimant de ces pays, sous lequel il avait vécu pendant près de vingt ans, n'ait pas anémié son énergie et détruit ses qualités d'honneur et de probité. Disons d'ailleurs qu'il n'a jamais cessé de protester de son innocence, et toujours avec la même énergie de conviction.

Mis en présence des faits qui lui étaient reprochés, il regardait sa conduite comme une imprudence, affirmant, d'autre part, qu'il avait été sollicité par les Allemands. Son voyage en Espagne n'avait d'ailleurs d'autre but que de répondre à ces sollicitations. Mais, comprenant à temps l'odieux de cet acte, il avait rejeté les offres qui lui étaient faites.

Son attitude demeura toujours la même. Lui-même prépara sa défense, apportant à l'appui force pièces justificatives, tant pour le juge que pour les membres du Conseil.

Mes visites furent d'autant plus fréquentes que je prévoyais la difficulté pour moi de ramener au calme et à la réalité une âme aussi exaltée.

D'un esprit cultivé, le capitaine Estève n'avait d'autres lectures que l'histoire, la géographie... Je prenais plaisir à causer avec lui, ramenant souvent nos conversations sur le terrain religieux, dans l'espoir de le ramener à Dieu et d'obtenir son pardon. Je voyais avec peine cette belle intelligence errer dans les obscurités du doute. Mais, hélas ! mes efforts restaient sans résultat : « Il n'est de pire aveugle que celui qui ne veut pas voir. » Estève remettait toujours à plus tard l'accomplissement de ses devoirs. Il savait que l'avenir est à Dieu... et que remettre à plus tard, c'était s'exposer à ne pouvoir rien faire. Et comme j'insistais :

— Je vous en prie, Monsieur l'aumônier, n'insistez pas ; je vous ai rappelé mes souvenirs d'enfance, les sentiments de ma famille ; je vous ai dit que j'étais un croyant; mais je ne suis pas prêt encore ; le jour venu, je vous confierai le soin de mon âme.

Tout en me soumettant, je l'assurai, le temps venu, de mon concours. Mais il n'en fut rien, Estève mourut en révolté et sans les secours de la religion.

Nous sommes au jour de l'exécution. A son réveil et à la nouvelle du rejet de sa grâce, Estève entre dans une sorte de fureur, n'ayant à la bouche que l'insulte et opposant sa condamnation à tout ce qu'il avait fait pour gagner ses galons...

La scène était effroyable et indigne d'un officier de l'armée française. J'essayai de le ramener au calme, m'appuyant sur mes rapports d'amitié avec lui :

— Rappelez-vous, capitaine, votre promesse ; le moment est venu de la remplir.

Tout fut inutile. Il me défendit même de l'accompagner. Mais c'était mon devoir, et j'y fus fidèle jusqu'au bout. Il mourut en protestant de son innocence. Quel contraste avec ses frères d'armes morts si glorieusement au champ d'honneur !

*

C'est une vie d'aventures que celle de Sidney. La majeure partie de sa vie s'est passée dans le sud de l'Amérique, prenant part volontiers à tout mouvement révolutionnaire. Tout se passe, chez nous, en manifestations oratoires, tandis que, là-bas, c'est la poudre qui parle, c'est la voix du canon qui s'impose aux masses.

Il exerça plusieurs professions, et toujours dans des établissements publics. De retour en France, il entra en relations avec Bulmé, qui devint son complice. Ce dernier étant surveillé par la police, il fut bientôt signalé comme suspect et arrêté sous l'inculpation d'espionnage.

Mobilisé dans une usine, ses rapports avec Sidney le compromirent, et leur comparution devant le Conseil de guerre leur valut à tous deux la peine de mort. Bulmé fit sa première Communion à la Santé, avec la docilité et la piété d'un enfant.

Sidney était un esprit cultivé. Rêveur et contemplatif, il ne comprenait pas qu'on l'accusât d'un acte qu'il regardait comme odieux. Je lui parlai alors de ses devoirs religieux, qu'il accomplit peu de jours après. Ce qu'il voulait avant tout, m'avait-il dit, c'était de se préparer à bien mourir.

Le jour venu de payer leur dette à la justice et à la patrie, je les trouvai tous deux calmes, forts et résignés. Après sa dernière confession, Sidney demanda pardon à Dieu et à sa famille. Tous deux moururent en bons chrétiens.

« Que les desseins de Dieu sont profonds, et combien impénétrables sont ses jugements ! »

Sedano était un publiciste de l'Amérique du Sud. Très instruit, il parlait plusieurs langues et était capable de traiter les sujets les plus ardus et les plus variés. Il le faisait avec une réelle autorité, et bon nombre de ses écrits en portent l'empreinte. Ayant vécu dans les milieux les plus troublés et ayant été l'âme et le conseil des révolutionnaires dans divers pays du Sud américain, il avait acquis une grande expérience des hommes et des choses. Ses relations étaient étendues et il avait un idéal que les besoins d'argent rendaient malheureusement illusoire à ses propres yeux.

Accusé d'espionnage, il en exprima de vifs regrets :

Cet acte, disait-il est contraire à ma nature et à mon passé.

Dès ma première visite, il s'ouvrit à moi, m'exprimant son grand désir de me revoir. Ses conversations étaient d'ailleurs pleines du plus haut intérêt. Il prenait plaisir à me tenir au courant de ses travaux littéraires... La somme de travail qu'il a fournie pendant sa détention est relativement considérable. Le roman historique voisine avec la géographie, la chimie... Ces travaux, à sa mort, revenaient en héritage à sa famille.

Ses sentiments religieux n'étaient pas moins développés, et c'est avec bonheur qu'il remplit ses devoirs de chrétien. Il avait reçu d'ailleurs de sa mère la meilleure éducation.

Mon bon Père, m'écrivait-il quelques jours avant de mourir, c'est quand tout secours humain nous est refusé que le Seigneur nous prête sa toute-puissante assistance. Consolant espoir qui me permet de jeter, sans trembler, mon regard dans l'éternité, en cas où la justice française me ferait mourir.

Après cela, est-il besoin de dire que sa mort a été celle de tout bon chrétien ?

❋

Ce n'est ni pour espionnage ni pour trahison, mais pour un crime horrible que l'adjudant Minangouin a été arrêté et condamné à mort. Il avait, dans une promenade sur l'eau, noyé sa femme et ses deux enfants ! Le tribunal de V..., qui avait commencé l'instruction, remit l'affaire entre les mains de la justice militaire. C'est pour cette raison que Minangouin fut écroué à la Santé.

Je ne tardai pas à le voir, et ma visite lui fut si agréable qu'il me demanda de la renouveler souvent, pour l'aider à supporter cette lourde et pénible épreuve. Il comprenait toute l'horreur de son crime. Aussi sa vie se passait-elle entre l'espoir et la crainte. Espoir, hélas ! mal fondé ! on ne laisse pas impunies de pareilles fautes ! Ce double sentiment est bien naturel chez tous ceux qui, comme lui, sont frappés de la peine de mort.

Détail particulier : Il avait sous les yeux les photographies de sa femme et de ses enfants :

— Cette vue, me disait-il, me fait grand bien !

N'était-ce pas la meilleure preuve de ses regrets et de ses remords ?

— Je me plais, ajoutait-il, à causer souvent avec eux.

Sa mort fut celle d'un brave. Il s'y était préparé par une bonne confession, au milieu de larmes et de sanglots, pleurant son crime et en demandant pardon à Dieu.

Le jeune soldat Margottin avait, dès le plus bas âge, connu la misère ; et depuis, l'épreuve et les privations ne l'avaient plus quitté. Sa vie, comme civil et comme militaire, a toujours été une vie de trouble, d'agitation et d'angoisses.

C'est dans une de nos banlieues parisiennes qu'il commit le meurtre qui l'amenait devant le Conseil de guerre. Ce crime n'était que la conséquence de ses trop nombreuses désertions. Il avait pour camarade et pour complice un jeune soldat, déserteur comme lui. Leur arrestation fut assez tourmentée. Des coups de feu furent tirés, et l'un des agents chargés de les arrêter fut mortellement frappé. En me racontant le fait, il en était encore tout ému. Il voyait alors tout l'odieux de son acte.

— Voilà, ajoutait-il, voilà où m'ont conduit ma légèreté et ma faiblesse de caractère. Je m'en repens bien et je le regrette du plus profond de mon cœur. Ce fait, je le répète, est la conséquence d'une volonté trop faible et d'un entraînement que je n'ai su éviter. Dieu m'est témoin que je ne me pensais pas capable de jouer un rôle aussi ignoble... S'il m'était permis de payer ma dette de mon sang, et rendre l'honneur aux miens que j'ai souillé, je m'immolerais volontiers sur le champ de bataille. Je prouverais que mon sang n'est pas celui d'un criminel, mais celui d'un pauvre malheureux, victime de sa faiblesse et d'un moment d'égarement...

Nobles sentiments vraiment dignes d'un meilleur sort !

Je le vis souvent après sa condamnation. Il me montra toujours la même confiance et la même affection. Il comprit plus que jamais sa faute et la pleura. C'était la véritable et la meilleure préparation à la réception des sacrements. Lorsqu'il apprit la grâce de son complice, il s'en réjouit.

Condamné à mort, son réveil fut celui des autres condamnés. Après une dernière confession, il conféra avec son avocat, lui faisant connaître ses dernières volontés... Il s'est montré courageux jusqu'au bout, refusant qu'on lui bandât les yeux, et demandant qu'on tirât droit au cœur. Auparavant, il avait demandé pardon aux gendarmes des victimes qu'il avait faites et remercié l'aumônier de « tout le bien qu'il lui avait fait dans le temps de sa captivité ».

Le procès Bolo-Pacha a eu un tel retentissement que nous croyons inutile d'y revenir. Disons seulement, résumant la pensée de tous, que les débats ont été menés avec un art parfait et une maîtrise au-dessus de tout éloge. Nous savons quel en a été le dénouement : la condamnation **à mort de Bolo.**

Je le visitai souvent et toujours avec le même plaisir. Homme du monde, ayant beaucoup vu et beaucoup entendu, sa conversation était des plus intéressantes et des plus variées. Nous parlions le plus ordinairement de la religion, de sa famille, de ses voyages tant en France qu'à l'étranger, au point de vue « science et géographie », et rarement de son affaire.

Sa lecture habituelle et privilégiée était l'*Imitation de Jésus-Christ*, ce petit livre qui, sous une apparence modeste, renferme un véritable trésor de science religieuse. Il en faisait son compagnon de cellule.

— C'est dans ce livre, me disait-il, que je puise toute ma force et tout mon courage; et c'est en lui que je mets tout mon espoir.

Je lui demandai un jour s'il ne souffrait pas trop de cette vie de solitude et du régime de la prison, habitué qu'il était à la vie brillante et aux réceptions quasi-royales :

— Dieu, me répondit-il en toute franchise et en toute simplicité, Dieu me punit parce que jusqu'ici j'ai trop bien vécu ! N'ai-je pas eu et au delà tout ce que l'homme peut avoir ou désirer? Aussi, j'accepte et je me soumets !

Loin du monde, l'homme se ressaisit. Ses pensées et ses sentiments changent. « C'est dans le silence de la solitude que Dieu parle à son cœur. »

Que de fois aussi il aimait à rappeler ses années de collège, citant, sans ostentation et sans jalousie, les noms de certains de ses condisciples occupant les plus hautes situations! En face de la mort, toute grandeur disparait, tout perd de son prestige. La voix du monde étouffe celle de la conscience ; mais ce souvenir de son éducation première, quoique déjà lointain, avait ravivé en lui ses sentiments de foi.

C'est tout entier à ces pensées qu'il voulut accomplir ses devoirs religieux, avec quel respect et quelle sincérité ! Ces devoirs accomplis :

— Merci, me dit-il, Monsieur l'aumônier, grâce à Dieu et grâce à vous, je revis les beaux jours de ma première Communion ! Quels beaux jours et quels souvenirs inoubliables !

Le souvenir de sa mère lui était resté aussi fidèle, et c'est ce même souvenir qui le soutenait à l'heure de l'épreuve. Depuis, Bolo conserva jusqu'au bout le calme et la paix de son âme. Il n'est pas pour le chrétien de bien supérieur à celui-là.

Nous manquerions à un devoir de justice en gardant secrète la lettre d'un curé d'une des paroisses voisines de Biarritz, lieu de résidence de Bolo. Après l'avoir remercié de ses somptueuses générosités, il ajoutait :

Mes chères petites orphelines ne vous oublient pas ; et, à cette heure douloureuse où le malheur vous frappe, elles prient toutes pour vous et espèrent beaucoup.

Le Conseil de guerre, à l'unanimité, venait de le condamner à mort, et la Commission qui siège au ministère de la Justice avait rejeté la demande en révision. Cet avis négatif clôturait d'une manière définitive le cycle judiciaire de l'affaire.

Restait la grâce présidentielle. Elle lui fut refusée. Bolo qui attendait avec calme son avocat, le remercia avec non moins d'effusion de sa démarche et du concours précieux qu'il n'avait cessé de lui prêter.

Le jour de l'exécution arrive. Au réveil, à l'officier qui lui annonce le rejet de sa grâce, il répond :

— Je sais pourquoi vous venez ; cela suffit. Quelle délivrance ! Vraiment, je suis ravi ; il est temps que tout cela finisse !

Toujours calme, il s'habille comme pour un jour de fête. Après s'être confessé une dernière fois :

— Maintenant, dit-il, je suis prêt ; allons et mourons !

Arrivé au lieu d'exécution, Bolo descend de voiture, et, après avoir embrassé l'aumônier, il se dirige vers le poteau. Le ciel est gris et sale. Un vent frais pince le visage. Le décor est funèbre. L'ensemble est tragique, impressionnant. Encore quelques secondes, et tout est fini.

Après la cellule, le tombeau ! Après la souffrance, le repos !

Le procès du *Bonnet rouge* a eu le même retentissement. Duval y eut la plus large part.

C'est au début même de sa prévention que je le visitai. Je fus frappé de son attitude calme et noble tout à la fois. Il me dit, en quelques mots, les causes de son arrestation. Ce qui l'affligeait le plus, c'était de vivre loin de sa femme et de ses enfants. Il est des douleurs qui se comprennent, mais qui ne se décrivent point. Duval avait, avant tout, le culte de la famille. Bon père, il était non moins bon époux. Telle est l'influence d'un amour sincère et légitime : il touche les plus nobles fibres du cœur et y réveille les voix harmonieuses du souvenir. Je le quittai tout en le félicitant de ses sentiments.

Duval était un homme intelligent, et parce que intelligent, il connaissait mieux les choses de la vie. Mais l'intelligence n'est pas tout chez l'homme; à côté de l'intelligence, se tient le cœur. C'est par l'intelligence que l'homme comprend et raisonne, c'est par le cœur qu'il aime et se dévoue. L'intelligence et le cœur se cachaient en lui sous un extérieur simple et modeste, proche de la bonhomie...

Dans sa cellule, Duval travaillait. Tout en s'occupant de sa défense, il se livrait parfois aux inspirations de son imagination. C'est ainsi qu'il me remit, à titre d'hommage et de souvenir, une légende pleine de charme et de simplicité...

Nous sommes au lendemain de sa condamnation. J'allai le voir et lui offris les consolations de la religion.

— Mon cher aumônier, me dit-il, allant de lui-même au-devant, il faudra penser à mes devoirs religieux. S'il me faut mourir, je veux mourir en chrétien !...

Quelques jours après, il se confessait et communiait.

— Maintenant, me dit-il, je suis tranquille, Dieu m'appellera quand il lui plaira; je suis prêt !

Mais l'heure décisive approche, heure pleine de tristesse et d'angoisse !... Il écoute avec le plus grand calme l'annonce du rejet. Il ne s'était d'ailleurs jamais fait illusion sur sa fin. Il sollicite du prêtre un suprême pardon, et s'en va courageusement au supplice.

Il nous a laissé, avant de mourir, ce que nous pourrions appeler son testament spirituel.

Pascual, Monens, Menendez, sujets espagnols, comparaissent devant le 6e Conseil de guerre, sous l'inculpation d'intelligence avec l'ennemi, et sont condamnés à la peine de mort.

Pendant les longs jours de leur détention, ils ne perdaient rien de leur attitude calme et confiante. Ils étaient soutenus, en cela, par leurs sentiments religieux. Comme ils ne paraissaient pas comprendre toute la gravité de leur faute, je les éclairai en leur en montrant tout l'odieux. C'était mon devoir et comme prêtre et comme Français.

Des circonstances exceptionnelles amenaient bientôt leur commutation de peine. Combien grande fut leur joie ! Combien vive, profonde, leur reconnaissance envers le chef de l'Etat! Quelle joie pour leurs familles ! Quelles actions de grâces ils rendirent à Dieu et à la sainte Vierge !

Je me suis demandé souvent, écrivait l'un d'eux, où je puisais ma force pour résister à tant d'épreuves, et j'ai vu bientôt que c'était la foi dans ma religion qui me rendait fort au point de mépriser la mort elle-même...

Ils quittèrent tous la Santé, et prirent le chemin du bagne, heureux de souffrir pour Jésus-Christ.

Nous aurions pu parler de l'affaire « Cottin et Clemenceau ». Disons seulement que l'anarchie de Cottin était d'un caractère tout particulier. Elle n'était, elle ne pouvait être qu'un essai pour acclimater dans les pays victorieux le honteux « bolchevisme » qui ravage les pays vaincus. Au lieu donc de le considérer comme une doctrine ordinaire, nous devons, au point de vue national, y voir un crime nouveau, une protestation infâme contre la victoire des nations associées pour le triomphe du droit.

Le geste de M. Clemenceau, dans la grâce de Cottin, n'est pas dépourvu d'une certaine noblesse... Cette grâce, dans son ampleur, était bien de nature à apaiser les colères, les rancunes et les nervosités.

Elle était aussi un exemple de cette indulgence que nous nous devons au lendemain des années sanglantes.

Mais, voici un trio d'espions, tous trois étrangers : l'étudiant Silva, Américain, la femme Bondin et un jeune Argentin, Ugarte. Je visitai Silva et Ugarte, la femme Bondin ayant été écrouée à Saint-Lazare.

Ugarte avait attiré mon attention. Sa jeunesse, son éducation, son instruction et surtout le chagrin profond de sa mère me portaient vers lui. Il faudrait n'avoir pas de cœur pour ne pas se rendre à de telles supplications ! Les larmes d'une mère ne sont-elles pas le meilleur plaidoyer en faveur d'un enfant malheureux ?

Quelque chose manquait à ses sentiments religieux : Ugarte n'avait pas été baptisé ! Que de fois il m'exprima son grand désir de se faire chrétien ! Aussi, combien grande fut sa joie quand je lui annonçai le jour de son baptême. Avec quelle ferveur il s'y prépara ! La cérémonie fut simple, mais touchante. Quelques jours après, il faisait sa première Communion.

Lui-même nous a dit ses sentiments intimes dans ces deux circonstances solennelles de sa vie. La joie de son âme s'y peint tout entière... Mais combien fut grande aussi sa tristesse à son départ de la Santé. Grand aussi fut son courage !

— Je veux, disait-il, être digne de la religion à laquelle j'appartiens.

Il souffrait également pour sa mère qu'il laissait tout entière à son chagrin. Pauvre enfant ! pauvre mère ! Il me laissa un mot d'adieu, me remerciant de tout ce que j'avais fait pour lui.

Je visitai l'étudiant Silva. Je prenais d'autant plus de plaisir à l'entendre qu'esprit cultivé, ses conversations étaient du plus haut intérêt. Et comme l'épreuve mène plus directement à Dieu, il m'exprima son grand désir d'accomplir ses devoirs religieux. Ce qu'il fit avec conviction et avec piété.

Une autre grande pensée pour lui était le souci que sa situation actuelle causait à sa pauvre mère.

— Vraiment, l'idée de me savoir la cause de ses inquiétudes ne m'abandonne pas un seul instant. Je donnerais volontiers quelques années de ma vie pour lui épargner ces souffrances. C'est dans la détresse qu'on s'aperçoit combien on aime ses parents.

Vous qui pleurez un passé plein de charme,
Et qui traînez des jours infortunés,
Tous vos malheurs se verront terminés
Quand à Dieu seul vous offrirez vos larmes.

Après sa commutation de peine, Silva a pris le chemin du bagne.

Dans les derniers jours de janvier 191..., on trouvait sur le trottoir le cadavre d'une femme, enveloppé dans une blouse d'artilleur. La malheureuse avait été étranglée. Les choses en étaient restées là quand, quelques mois plus tard, on découvrit un autre crime à peu près identique.

De graves soupçons pesèrent sur deux artilleurs qu'on avait remarqués rôdant aux alentours. Le mobile du crime n'était autre que le vol. Bientôt on découvrit les coupables. C'étaient, en effet, deux artilleurs, Jamin et Monjot. Jamin fut arrêté en province, dans sa famille, où il s'était retiré dans l'espoir d'échapper à la justice. Quant à Monjot, il était retourné à son corps. C'est là qu'il fut saisi. Mis dans une des cellules du quartier, il parvint à s'évader et se retira en Espagne. Quelque temps après, il rentrait en France, pensant son crime oublié. Il fut appréhendé.

Au mois de juin de l'année suivante, ils comparaissaient l'un et l'autre devant le Conseil de guerre, sous plusieurs inculpations. Ils furent condamnés tous deux à la peine de mort.

Trop souvent, l'homme entend la voix du mal dès que, sortant des nuages de l'enfance, sa raison s'est formée, que son intelligence comprend les choses et que sa volonté entre dans la possession de la liberté. Et cette même voix grandit et se multiplie à mesure que grandit et se développe la vie, faisant briller aux yeux de tous les fantômes de bonheur, toutes les satisfactions des passions naissantes. C'est un ensemble des plus beaux rêves... Mais la vérité vient-elle à se faire jour, tout disparaît, tout s'évanouit. Ce n'est plus qu'un rêve ! Et c'est là l'histoire de ces deux malheureux.

Jamin le comprit ; et, plein de confiance en Dieu, il accomplit ses devoirs de chrétien, « heureux, disait-il, de voir finir le cauchemar de son crime ».

Il n'en fut pas de même de Monjot.

Tous deux furent fusillés.

Nous sommes en présence d'un ancien officier de réserve de l'armée autrichienne. Funck était un de ces Austro-

Allemands qui, pendant la grande guerre, se livraient à l'espionnage.

Témoin de ses agissements louches, notre service de contre-espionnage le dénonçait à la Sûreté générale. Il fut arrêté près de Bayonne, au moment où il se disposait à se rendre en Espagne.

Il comparaissait devant le Conseil de guerre, sous l'inculpation d'intelligence avec l'ennemi. Pendant tout le temps du procès, Funck ne perdit rien de sa maîtrise, protestant énergiquement de son innocence. Mais les faits étaient tellement évidents qu'il fut condamné à mort.

On se demande, non sans raison, comment Funck pouvait concilier sa faute avec ses sentiments religieux ! Il est, dans toute vie humaine, de ces moments d'égarement où l'homme, même le plus fort, finit par succomber, surtout quand ses intérêts sont en jeu. Le cas est malheureusement par trop fréquent.

Frappé d'une double condamnation (la revision de son procès ayant été rejetée), Funck ne perdait rien de son calme et de sa résignation. Il se rejetait sur la pensée que comme officier, on pouvait l'enfermer dans une forteresse, mais le fusiller, jamais ! Vain espoir !

Je le visitai souvent, et, connaissant ses principes religieux, je l'engageai à accomplir ses devoirs de chrétien. Ce qu'il fit avec bonheur... Le jour de l'exécution est arrivé. En présence des officiers, il proteste à nouveau de son innocence, et avant son départ pour Vincennes, il écrit un long mémoire.

« Quand un condamné descend de voiture ou franchit le seuil de la prison, le silence qui pèse aux abords de la guillotine écrase les poitrines. L'angoisse règne autour de l'infernale machine. Ici, aucune ombre, mais la lumière. Pas de silence, mais du bruit ! une musique, musique militaire et martiale, bien capable de redresser et de réconforter le malheureux qui s'avance vers le poteau. »

Funck descend de voiture, embrasse l'aumônier et passe devant le front des troupes. Son allure est jeune et décidée, cachant ses cinquante-cinq ans. Il refuse qu'on lui bande les yeux. Il demande l'aumônier avec lequel il fait une dernière prière. Quelques instants après, il tombe sous les balles.

Cette fois, nous quittons Vincennes. Ce n'est plus la fusillade, mais la guillotine. C'est un déserteur de l'armée belge, le jeune Genevrois, arrêté pour un double assassinat, commis dans une de nos banlieues. Le crime est d'autant plus odieux que les deux victimes sont deux membres de la même famille. Le vol en était le mobile. Et, pour ne laisser après lui aucune trace, Genevrois mit le feu à la maison. Il espérait ainsi se soustraire à toute recherche et dépister la justice. Il fut arrêté quand même, envoyé au Dépôt et, de là, à la Santé.

Il semblait tout d'abord ne pas comprendre la gravité de sa faute. Il en parlait peu et toujours avec indifférence. Et comme je savais qu'il appartenait à une famille religieuse, et que lui-même montrait des sentiments chrétiens, je n'hésitai pas à lui faire faire ses devoirs. Ce dont il me remercia. C'était d'ailleurs le moyen le plus sûr et le plus radical de ramener la paix dans ce cœur travaillé par le remords. C'est quand le vent des passions a cessé de souffler, que le calme revient tout aussitôt, et la joie est d'autant plus grande que l'épreuve a été plus forte.

Il avait transformé sa cellule en un véritable musée, des portraits de famille ou d'amis côtoyaient les paysages les plus variés. Au nombre de ces cartes, il en était une qui attirait plus particulièrement ses regards et sa pensée. C'était la tombe d'une sœur aimée, et son père et sa mère à genoux et priant.

Les lettres de sa famille ou de ses amis lui apportaient, chaque jour, un nouvel espoir, et il les lisait et relisait avec bonheur.

Nous sommes au jour de l'exécution. A cette heure matinale, le boulevard est encore enveloppé dans les ténèbres, le ciel est chargé d'épais nuages, un modeste falot jette une lumière douteuse sur l'endroit réservé à la guillotine. Quelque chose de sinistre et de saisissant ! un silence de tombeau vient s'ajouter... Et, comme fond de tableau, la masse sombre et imposante de la prison.

Si le jour est long à poindre, l'heure fatale approche. Pendant ces lugubres préparatifs, Genevrois, qui ne s'attend à rien, dort d'un sommeil profond. Il ne se doute pas que le jour qui va poindre doit être son dernier jour. Encore quelques instants, et il ira dormir son dernier sommeil.

C'est l'heure du réveil. Au magistrat qui lui annonce le rejet de sa grâce et l'invite à avoir du courage, il répond avec calme :

— J'avais cru à la clémence de la justice française ; mais le moment n'est pas venu d'avoir peur !

Il n'eut pas peur, en effet ; il marcha résolument à la mort.

P. Lenoir !... Que de souvenirs évoque ce nom ! Aussi, n'est-ce pas sans une certaine émotion que nous retraçons ici les derniers moments de la vie tourmentée qu'a été celle de cet homme tombé, à trente-trois ans, sous les balles au poteau de Vincennes...

Pendant les longs mois de sa détention, je le vis souvent, et son attitude à mon égard a toujours été franche et cordiale. J'étais heureux de l'encourager et de le réconforter à ces heures d'angoisse et de tristesse. L'homme du monde, habitué au bien-être de la vie, souffre plus en prison que le simple mortel toujours aux prises avec les nécessités de l'existence.

Son procès a eu trop de retentissement pour qu'il soit besoin d'en reparler. Il supporta le choc de sa condamnation avec courage. Lorsque je pénétrai dans sa cellule, sa première parole fut :

— Mon Père, il faut maintenant me préparer à la mort !

Quelques jours après, il faisait ses devoirs avec autant de joie que de piété. Quelle joie pour lui d'avoir pu retrouver, dans les larmes d'un repentir sincère et dans son union avec Dieu, ce calme et cette sérénité d'âme qu'il avait perdus au milieu des plaisirs et des agitations du monde !...

Depuis ce jour, il se montra plus fort et plus résigné en face de la mort. Là-dessus, disons-le, il ne se faisait pas la moindre illusion.

Mais, voici l'heure du grand réveil. Tout est déjà prêt pour son exécution, quand un coup de théâtre, qu'on était loin de prévoir, se produit dans sa cellule. Il avait parlé, et ses déclarations allaient amener le sursis. Quelle heure terrible passée au greffe ! Attente cruelle ! Le malheureux était debout, adossé à une table, entre l'aumônier et les avocats !... Il était tout tremblant, et ses forces, à chaque instant, semblaient vouloir le trahir. Déjà même la pâleur de la mort s'était répandue sur tout son visage, quand tout à coup la scène change. On venait d'annoncer le sursis ! Une sorte de rumeur arrive de l'extérieur pendant que le condamné est réintégré dans sa cellule.

Mais, cette fois, le choc avait été par trop violent et Lenoir tombe frappé de paralysie.

Grâce aux soins, la parole revint, les

jambes seules restèrent sans mouvement...

Un mois après, jour pour jour, allait avoir lieu l'exécution... C'est l'heure du réveil, réveil plus terrible encore que le premier ! Des médecins avaient été appelés pour savoir si le condamné avait la force de supporter l'épreuve morale et physique des préliminaires de l'expiation. La réponse étant affirmative, on procède à sa toilette.

Ses dernières déclarations sont plutôt bégayées que parlées. L'effort qu'il fait achève de le briser. Il proteste encore de son innocence. Et c'est d'une main tremblante qu'il signe le procès-verbal de ses déclarations. L'aumônier lui donne alors une dernière absolution...

Les dernières formalités remplies, on emporte le condamné à la voiture. Son affaissement est complet, son regard est vague et incertain.

A Vincennes, le soleil est rouge, rouge de sang. Il commence à percer le brouillard. Le terrain est ouaté de brume et les arbres sont enveloppés de brouillard ; c'est la « Caponnière » au nom et à l'aspect sinistres. Les troupes sont à leur poste, et les trompettes sonnent le glas funèbre...

Contrairement au cérémonial habituel, l'auto du condamné s'avance jusqu'au poteau. Incapable de se tenir debout, on assied Lenoir sur une chaise adossée au poteau. Pendant qu'on le ligote et qu'on lui bande les yeux, lecture est faite de la condamnation. C'est en vain qu'on essaye de ranimer celui qu'on va fusiller. Au signal donné, les fusils crépitent ; tout est fini !

Aujourd'hui, le corps de P. Lenoir repose dans le caveau de famille (1).

❄

Le procès des « Dénonciateurs de Laon », dont on a parlé en son temps, a eu, pour épilogue, l'exécution de trois Français et d'une Française, qui livrèrent leurs compatriotes sans défense à l'envahisseur pendant que leur pays supportait les charges et les souffrances de la grande guerre.

Nous sommes à Vincennes, au matin des exécutions. Derrière la ligne sombre des arbres, un rougeoiement du ciel à peine apparent d'abord, puis plus net, montre l'endroit où se lèvera le soleil. Tout autour de nous, dans ce matin clair, au milieu des arbres et des buissons, les oiseaux chantent, faisant un décor de gaieté pour ce drame lamentable qui se prépare. Les feuilles qui frissonnent au souffle léger de la brise sont d'un vert tendre, le vert du printemps. Il fait bon vivre, et ces malheureux vont mourir.

---

(1) L'exécution de P. Lenoir demeure comme une des plus émouvantes et des plus dramatiques. Il faut remonter à l'an 1794 pour rencontrer sa semblable. A cette époque, le général vendéen Gigot d'Elbée, fait prisonnier après la défaite de Cholet, et blessé, fut, trois mois après, passé par les armes à Noirmoutier. Il fallut également l'asseoir dans un fauteuil.

Les uns, soit par bravade, soit par humeur, affectent des airs « goulards », sifflotant, ricanant, tandis que d'autres, sentant mieux le poids de la honte, s'avancent, tête baissée, le visage pâle et les larmes plein les yeux.

Pâles et livides, Toqué et Lemoine paraissent les premiers.

Toqué était un intellectuel, ancien administrateur aux colonies (Afrique centrale), un des élèves les plus brillants de l'école coloniale. Pendant la guerre, nous le retrouvons affilié à la police allemande, et l'homme de confiance du chef de la police ennemie. Collaborateur actif de la *Gazette des Ardennes*, son rôle principal était de « tuer » le moral français dans les régions envahies et de faire le jeu des Allemands dans les pays neutres. Triste mission qui lui valut la peine de mort.

Avant de quitter la Santé, Toqué avait rempli ses devoirs de chrétien. Le silence de la cellule et mes visites fréquentes l'y avaient d'ailleurs préparé. Toujours sous le coup de sa condamnation, ses journées se passaient entre l'espoir et la crainte. Aussi quand, au réveil, on lui annonça la triste nouvelle, ouvrant les yeux avec stupeur :

— Quoi donc, s'écria-t-il d'une voix assez forte, ce serait donc vrai, il va falloir mourir ?

Puis, se ressaisissant :

— Eh bien ! tant pis ! J'en aurai fini de souffrir. Du reste, je m'y attendais. Inutile de me demander d'être courageux, je le serai ; mais je tiens à dire une fois de plus que je suis innocent.

Son exécution fut des plus émouvantes. Les trois autres étaient tombés quand, lui, n'était pas encore mort. Malgré le coup de grâce, il gesticulait encore ; il fallut l'achever. Triste spectacle, que n'oublieront jamais ceux qui en ont été les témoins!

. . . .

Lemoine était d'un tempérament tout autre. Sombre et taciturne, il était tout entier à ses pensées. N'avait-il pas déjà souffert avec les Allemands, et, aujourd'hui, c'est la grande et redoutable pensée de la mort qui plane sur sa tête. Que de fois, dans le cours de mes visites, ne l'ai-je pas arraché à ses sombres rêveries ! Lui aussi, il me parlait de sa famille, de ses amis, des malheurs passés.

Le souvenir de sa jeune fille malheureuse le hantait sans cesse et le plongeait dans un nouveau et plus profond chagrin. Croyant, il puisait dans ses sentiments religieux qui ne se démentaient pas le courage et l'énergie indispensables dans ces heures d'épreuve.

Son exécution n'eut rien de particulier.

Herbert avait été écroué à la prison militaire du Cherche-Midi. C'est de là qu'il partit pour Vincennes. On craignait quelque manifestation de sa part, il n'en fut rien. A son réveil, il ne parut pas tout d'abord se rendre compte de ce qu'on lui disait. Quelque peu abruti, simulant même la folie, il laissait échapper quelques paroles incohérentes, au point que son défenseur, intervenant auprès du médecin de la prison, lui demanda si vraiment on pouvait exécuter un homme dans ces conditions. Les magistrats et le médecin passant outre, il fut exécuté.

Un spectacle bien autrement émouvant se passe à Saint-Lazare, où était écrouée Alice Runtz, condamnée également à la peine de mort. En voyant les magistrats pénétrer dans sa cellule, elle comprend que c'est l'heure de l'expiation. Prise alors d'une sorte de délire :

— Non, s'écrie-t-elle, ce n'est pas possible ? Je ne veux pas mourir, je ne m'en irai pas !

Mais, avec les forces, le courage lui revient. S'adressant alors à la Sœur qui l'aidait à s'habiller :

— Soyez sans crainte, ma Sœur, je serai forte ; et, si vous voyez que j'ai de la peine, ce n'est pas tant pour moi que pour les autres ! Moi, pourvu que j'aille au ciel, c'est tout ce que je désire...

Elle assiste à la messe et communie. Puis, s'adressant aux magistrats :

— Partons ; il est temps qu'on en finisse.

Au poteau, elle meurt courageusement, un crucifix entre les mains et les yeux tournés vers le ciel, pendant que, à distance, la Sœur agenouillée priait pour elle...

La justice des Conseils, qui n'est autre que celle de la France, s'est exercée « terrible, équitable, exemplaire », sur cette bande de dénonciateurs, qui laissera dans les annales de la grande guerre le plus triste et le plus honteux souvenir...

C'était la réponse aux conclusions du ministère public « condamnant hautement et piétinant la conduite de ces Français, qui, à cette époque troublée de notre histoire, se faisaient, sans scrupule aucun, les agents et les collaborateurs de l'envahisseur ». Pensée abominable ! Crime suprême contre la patrie !

L'espion Ascensio fut exécuté à Vincennes, en juillet 1918. Homme instruit et distingué, il appartenait à une famille honorable. Mes rapports avec lui furent toujours agréables... Sa condamnation ne l'avait en rien changé. Toujours calme et impassible, il montra le même sang-froid en face de la mort que devant ses juges. Il était aidé, en cela, par ses sentiments profondément religieux... Sa conduite au milieu des événements qui amenèrent sa mort était pour moi un véritable mystère. Comment, en effet, concilier ses actes avec ses sentiments ?

Il se confessa et communia avec foi et piété, « heureux, disait-il, d'avoir pu mettre ordre aux affaires de sa conscience ». Il trouvait dans la prière un puissant réconfort, et dans ses lectures le moyen de combattre l'ennui, trop fidèle compagnon du prisonnier dans sa cellule.

Sur le lieu du supplice, il commanda lui-même le feu et rendit ainsi son âme à Dieu.

Guéréro, d'origine étrangère, a été deux fois condamné à mort, aux assises de la

Seine et à celles de Seine-et-Oise, le premier procès ayant été cassé pour vice de forme. Son crime n'était rien moins qu'une reproduction du crime de Soleilland. On se demande comment l'homme d'une certaine instruction, peut en arriver à ce degré de passion sauvage. Il était connu, dans le quartier, comme le « Monsieur qui fait peur aux petites filles ». Aussi, quel ne fut pas mon étonnement quand je le vis, pour la première fois, à la Santé !

Une des lettres qu'il m'écrivit est tout empreinte de cette douleur poignante qui déchire le cœur d'un homme victime de son malheur. La parole est impuissante à reproduire l'amertume qu'enferme l'âme d'un homme qui fut honnête et qui sent peser sur lui tout le poids de la justice.

Cœur susceptible, âme tendre, caractère plutôt timide que méchant, il ne pouvait comprendre toute la hideur de son crime. « Heureux jadis dans le plus parfait bonheur, portant très haut le blason de l'honneur, il m'est très dur aujourd'hui de me sentir accablé sous les verrous, victime d'un fatal destin, marqué par un moment de malheur. »

Pendant son stage à la Santé, il fit ses devoirs religieux qu'il renouvela à la prison de Versailles. Il fut exécuté sur la place des Tribunaux, et son corps repose dans le cimetière des Gouards, au lieu dit des Suppliciés. Guéréro est mort en bon chrétien.

Lettre adressée à ses camarades
par le condamné à mort Calibant,
gracié et envoyé au bagne.

C'est pour vous, jeunes camarades de vingt ans, que je vais essayer de dire, malgré ma très mauvaise instruction, par quelles chutes consécutives je suis venu échouer, à vingt et un ans, dans la triste geôle d'un condamné à mort.

Oh ! comme je voudrais que mon sang fût le dernier qui coulât pour la folie d'un crime, mûri dans la noire conscience de la plus indigne des femmes ! Comme je voudrais que le terrible châtiment que je vais subir serve d'exemple salutaire à tous ceux qui seront sur le point de succomber à la tentation d'une femme !... Car croyez-moi, camarades, ce qui nous perd tous, nous autres, jeunes gens de vingt ans, ce qui nous fait faillir aux lois de l'honneur, ce qui nous rend sourds et aveugles aux pleurs et aux supplications de nos vieilles mères, ce sont les femmes.

Celui qui, par bonheur, rencontre sur son chemin une jeune fille saine, honnête, travailleuse, est un garçon sauvé. Mais le malheureux qui, comme moi, trouve sa route encombrée de démons en jupons et qui, trop jeune ou trop faible, ne peut rebrousser chemin assez tôt pour les éviter, est, à moins d'un miracle que Dieu seul pourrait accomplir, un homme dans une bien triste situation.

Le plus terrible est qu'on ne se sent pas glisser sur la pente du mal, car elle est douce d'abord, et quand, un jour, on ose enfin jeter un coup d'œil autour de soi, on est étonné et effrayé d'y voir grimacer le vice et la honte, ce couple inséparable. Du même instant, on sent la chute s'accélérer ; du regard on cherche un abri, mais déjà il est trop tard.

Seul, pourtant, celui qui a de la religion peut encore sauver son honneur, sa vie ; mais, hélas ! dès le début de cette chute, on a abandonné déjà toute idée religieuse.

Après de nombreux écarts, on arrive enfin au bord du gouffre infâme, dans le fond duquel se trouve un hôpital, une prison..., un échafaud !...

Je pense que ceux qui me liront sauront en faire leur profit. Pensez tous à Dieu et à vos mères. Les hommes ont été implacables, mais Dieu, lui, sait où sont les vrais coupables... Il jugera.

Le même. à M. l'aumônier :

La Santé, 1er juin 1919.

MONSIEUR L'AUMÔNIER,

Je tiens, par la présente, à vous offrir tous mes sentiments de respect et de reconnaissance pour les consolations que vous m'apportiez dans ma pauvre cellule de condamné à mort.

Les premiers jours que j'ai eu le plaisir de vous recevoir, je dois vous avouer que ce n'était que par curiosité ; puis, devant votre bonté, devant le dévouement avec lequel vous veniez, chaque jour, consoler, panser les âmes souffrantes, j'ai senti une grande et respectueuse sympathie pour vous, si bien qu'aujourd'hui j'ai quelque peu la foi. Il serait ridicule de vous dire que j'ai changé d'opinion en matière de religion. Aussi, je vous promets de demander partout la visite de l'aumônier. Il est probable que je trouverai auprès de lui la même bonté, le même dévouement. Je ne serai pas long alors à acquérir une foi solide, qui sera une grande consolation dans la vie de souffrance et d'expiation qui commence pour moi.

Une dernière fois, je vous présente l'expression de ma très profonde, très sincère et très respectueuse sympathie. Je n'oublierai jamais que c'est votre piété et votre grand dévouement qui m'ont aidé à supporter les souffrances de mes deux derniers mois. C'est une dette de reconnaissance que j'ai contractée envers vous, et je n'ai qu'un seul moyen de m'en acquitter, c'est de devenir un honnête homme et un bon chrétien, et c'est ce que je vous promets du fond du cœur. Mon respect et ma reconnaissance vous sont acquis pour toujours.

Adieu et merci. C.

APPENDICE

Le bagne

Tous les condamnés à mort ne vont pas à l'échafaud. Il en est qui, bénéficiant de la la loi de clémence, prennent le chemin du bagne.

Il est difficile de comprendre ce que peut être la vie dans ce milieu qui réunit tout ce que la société peut offrir de plus répugnant et de plus hideux. C'est un véritable enfer moral où tous les vices, tous les crimes, toutes les abominations sont représentés... Tous se coudoient, tous s'entr'aident, tous se heurtent sur cet immense champ de travail, où disparaissent toutes les distinctions du monde et tous les orgueils de la vie.

C'est à l'île de Ré (Charente-Inférieure) que se trouve le dépôt des forçats. C'est là aussi que ces malheureux revêtent le costume qu'ils conserveront toute leur vie. C'est à l'île de Ré qu'ils attendent le navire qui doit les transporter à la Guyane.

A l'heure du départ, les portes de la citadelle, où se trouve le dépôt, s'ouvrent, et plusieurs centaines d'hommes, au costume uniforme et enchaînés deux par deux, se dirigent vers le port d'embarcation. Un bataillon d'infanterie, baïonnette au fusil, forme la haie. Spectacle horrible et saisissant !

Arrivés au navire, tous s'engouffrent dans

des cases placées à l'entrepont, séparées les unes des autres par un couloir central, où veillent des matelots en armes. Quelle sera désormais l'existence de ces misérables ?

Quinze jours de traversée et les voilà arrivés à destination et en terre étrangère. Le pénitencier se trouve dans la banlieue Est de la ville de Cayenne. Classement fait, nos malheureux forçats sont dispersés dans les différentes îles qui composent les îles du Salut... A quelque pénitencier qu'il appartienne, l'existence du forçat est partout la même: discipline, travail, fatigues, privations, etc. Vie dure et mouvementée, sans parler des meurtres individuels ou collectifs.

Devant ce tableau, peut-on encore se laisser aller au crime, sachant que le point terminus est le bagne ou l'échafaud ?

Je visitai, un jour, un malheureux évadé du bagne. Mon premier sentiment fut la crainte ! Quelle ne fut pas ma surprise quand, au lieu d'un être aigri par la souffrance et le malheur, je rencontrai un cœur calme et résigné ! A mon entrée dans sa cellule, il se leva, et venant à moi :

— Mon Père, me dit-il, en larmes, que vous êtes bon de me visiter ! Abandonné de tous et rejeté par tous, je n'ai plus d'espoir qu'en vous.

Je lui répondis que je venais de la part du Dieu qui console et qui pardonne...

Enhardi par ses bonnes dispositions, je lui demandai quelques détails sur sa vie. Et tout aussitôt :

— Coupable d'un crime commis dans les circonstances les plus aggravantes, je fus condamné par la Cour d'assises de... aux travaux forcés à perpétuité, et, quelques jours après, je prenais, en compagnie d'autres malheureux comme moi, le chemin du bagne. Quelle triste et redoutable perspective que celle de toute une vie passée dans ces abîmes du vice ! Je ne m'étonne pas que certains y échappent par le suicide. Je n'avais alors que trente-cinq ans et je laissais une femme avec trois enfants. La souffrance, quand on est seul à la supporter, est déjà bien lourde et bien poignante. Mais, quand à cette souffrance se joint le souvenir de ceux qu'on aime et qu'on laisse dans la misère et dans le chagrin, oh ! alors, cette même souffrance devient un véritable martyre... Si encore j'étais sûr qu'ils me pardonnent; mais non, je ne le mérite pas.

En même temps qu'il me parlait, deux grosses larmes coulaient de ses yeux. C'est alors que, pour le consoler, je lui dis « que Dieu avait un pardon tout spécial pour tous ceux qui, comme lui, comprenaient leur faute et la déploraient ».

Il me fit, là-dessus, un récit détaillé de la vie au bagne, vie vécue par lui et qui donnait à son récit un cachet authentique de vérité.

Récit d'un condamné, retour du bagne.

Le pays de l'or, la Guyane, a perdu de sa considération par suite de la population *pénitentiaire;* et il est à regretter qu'une terre aussi riche et aussi productive serve à la métropole de débouché pour les criminels.

La vie est douce, trop douce même, pour ces bandits qui se sont livrés, pour la plupart, à toutes sortes de désordres et de crimes. Ce qui ne les empêche pas, cependant, de tenter de fuir. Ils y réussissent rarement, disons-le, les courants par trop forts rejetant les embarcations vers la côte. Et puis, les deux seuls points d'où l'on puisse s'embarquer sont très étroitement surveillés. Enfin, c'est la brousse où l'on peut s'égarer et mourir de faim, quand on ne devient pas la proie de quelque fauve ou de quelque reptile. Le forçat souffre surtout du climat débilitant et de la faim, les rations étant toujours restreintes.

Pour le forçat qui sait et qui veut travailler, les occasions ne manquent point. Témoin cette lettre qui m'a été remise par un condamné retour du bagne. (Il s'agit ici de la Nouvelle.)

En 189., condamné à la relégation, je fus dirigé sur la Nouvelle pour y faire ma peine. Je laissai en France ma femme et un enfant... A mon arrivée, je compris bien vite que, pour mériter une liberté relative et espérer, dans la suite, une liberté plénière, il n'y avait que par le travail et la conduite que j'arriverais au but, c'est-à-dire revoir ma femme et mon enfant. Pendant douze longues années, je n'ai cessé d'avoir une conduite exempte de tout reproche.

Le 6 mai 1900, j'ai obtenu la grâce de bénéficier de la relégation individuelle. Le jour même, avec la somme de 84 francs, je m'habillais, je louais un local, je payais une partie de ma patente de Pr. pour pouvoir exercer ma profession.

J'eus bientôt acquis par mon travail et ma conduite la confiance des administrateurs, du gouvernement et du public. En 1901, je créais, à Nouméa, une agence de publicité qui rendit de signalés services au commerce et à la population. Quelques années après, le Conseil général m'accordait un emplacement dans la ville pour ma publicité.

J'étais T*** du gouvernement, de tous les services administratifs de la colonie, afficheur et crieur public de la ville de Nouméa. Le 27 avril 1907, un jugement du tribunal de Nouméa me relevait de la peine de la relégation. J'avais toujours eu l'espoir que, par ma conduite, j'aurais le bonheur de revoir ma femme et mon enfant. Ma relevée de relégation m'en donnait d'ailleurs le droit. Je liquidai mon atelier, et, le 1er juillet de la même année, je quittai la Nouvelle avec la somme de 400 francs, somme insuffisante pour payer mon passage à bord des Messageries maritimes, et je pris le parti de regagner la France en travaillant pour payer mon passage.

Je vins en Australie, où je m'embarquai comme marin sur un navire italien allant au Chili (Amérique du Sud). A Antofogasta (Chili), je m'embarquai sur un navire français (*le Surcouf*) allant en Europe ; je n'étais pas payé et je travaillais toujours pour le prix de mon passage. Enfin, j'arrivai à Paris (190.), après trois cent cinquante-quatre jours de traversée... X...

Puisse un tel exemple de courage et de persévérance rencontrer parmi tous ces malheureux de nombreux et sérieux imitateurs !

Il est des forçats qui préfèrent aux travaux de la terre la condition d'artisans. A ceux-là on alloue des concessions urbaines, et ils deviennent de véritables commerçants. Ils « concurrencent » d'autant mieux les autres — les honnêtes gens — qu'ils sont dispensés de payer patente. Un Syndicat géré par des condamnés les couvre de sa protection (nombreux exemples)... Tous agissent, parlent, évoluent comme peuvent le faire les paisibles habitants d'une petite ville de province. Est-ce pour les replacer dans la vie normale que les Cours d'assises ont envoyé ces malfaiteurs aux antipodes, dans cette île de rêve, au merveilleux climat, qu'on appelle la Nouvelle-Calédonie (1) ?

Histoire de deux jeunes assassins.

Deux jeunes criminels, dont nous taisons les noms par respect pour la famille, condamnés à mort par la Cour d'assises de... (191...), ont vu leur peine commuée par grâce présidentielle. J'ai pu, à ma grande satisfaction, leur faire accomplir leurs devoirs religieux avant leur départ pour le bagne. Tant il est vrai que l'âme du malheureux échappe rarement au filet du pêcheur évangélique.

A la vue de ces deux jeunes criminels, et en apprenant leur crime, je ne puis me défendre d'un double sentiment : l'indignation, sans doute, mais aussi, et surtout, la compassion. Indignation contre certains parents trop désintéressés de la conduite de leurs enfants, les laissant à eux-mêmes ou ne veillant pas assez sur leurs fréquentations.

Sans doute, les parents doivent aimer leurs enfants. Ce vif sentiment d'amour

(1) Jacques Dhur, le *Journal*.

des pères et des mères pour leurs enfants, Dieu l'a profondément gravé au fond de leurs cœurs. Toutefois, cet amour doit être sans faiblesse et sans molle complaisance. En les abandonnant à leurs caprices, en laissant un libre cours à leurs passions et en ne réprimant pas leurs défauts, ils les gâtent et ils se préparent de terribles angoisses pour l'avenir, quand ils n'y trouvent pas la honte et le déshonneur. Du vice au crime, il n'y a qu'un pas, et ce pas est bien vite franchi !

L'amour, quand il est vrai, entraîne avec lui la vigilance. Par la vigilance, on prévient le mal, ce qui est infiniment plus avantageux que d'être obligé plus tard de le réprimer. Cette vigilance est tout entière pour le bien des enfants, en même temps qu'elle est un des grands devoirs religieux et sociaux des parents envers leurs enfants. On trouve encore dans ces natures dévoyées d'enfants ou de jeunes gens d'excellents cœurs. Bien aiguillés, ils pourraient être, comme d'autres de leurs camarades, des citoyens honnêtes et d'excellents chrétiens.

Puissent les parents peu fidèles à leurs devoirs ne s'entendre jamais dire par leurs enfants ce qu'un pauvre jeune homme disait des siens : « Père criminel, mère insouciante et par trop faible, c'est vous, et vous seuls, qui êtes la cause de mon malheur. »

La misère aussi fait bien des ravages dans le cœur de l'homme, apportant avec elle sa somme de mal. C'est ce que nous apprend un de nos jeunes assassins dans une sorte de mémoire qu'il nous a laissé :

Je ne peux remonter vers le passé sans que j'en sois moi-même attristé par le chagrin. Nous étions, chez nous, sans aucune ressource, mon père sans travail. ainsi que ma mère... C'était, comme l'on dit, la misère noire... J'allais avec mon frère aîné dérober des croûtes de pain dans la loge à lapins de notre voisine, que nous rapportions à notre mère pour nous faire une soupe pour le soir, c'est-à-dire le seul et unique repas que nous mangions de la journée. Mais cette brave femme nous ayant surpris, un jour, à lui voler ses croûtes, prise de pitié de notre situation, est venue à notre aide pour quelque temps. J'étais âgé alors de six à sept ans...

Mon père allait chercher partout du travail, n'ayant qu'un oignon dans la poche pour toute nourriture, et revenait, le soir, aussi avancé que le matin. Ma mère se désespérait, et il fut un moment où elle voulait recourir au suicide. Misère profonde ! Misère cruelle ! C'est alors que mon père partit au loin, et nous ne l'avons revu que quelques années plus tard... Quant à nous, il s'en souciait peu et savait bien lui-même dans quel état d'anéantissement nous nous trouvions. Nous étions abandonnés aux âmes charitables. C'est alors que, plus tard, à mon tour, j'ai été chercher du travail dans une usine ou filature.

Laissant de côté certains détails plus intimes, disons que la misère est toujours mauvaise conseillère, et qu'à son école on a bien vite appris le vice quand surtout il y a absence de religion :

... Après plusieurs scènes que nous avons cru devoir faire à notre père, il repartit à jamais, et je ne l'ai plus revu de ma vie. Je n'en parlerai donc plus. Vous pourriez croire que je ne lui garde que du mépris et de la rancune ; mais non, bien au contraire. Car je sais bien moi-même que l'on doit toujours pardonner à ses parents.

On trouve toujours dans les âmes, même les plus dévoyées, des sentiments de noble générosité :

... Après tout, je me suis toujours bien conduit, et je vous déclare sincèrement que je n'ai toujours eu que du mépris pour le vol, et j'éprouve même un grand regret pour le crime qu'on m'impute, car je vous jure que je n'étais pas dans mon état normal.

Nous touchons à l'endroit où il raconte son crime... C'est alors qu'il fit connaissance de son jeune complice, avec lequel il mena une vie d'aventure :

Le souvenir du passé, continue notre jeune coupable, l'image de ma pauvre mère me revenaient sans cesse devant les yeux, et je ne pouvais pas ne pas m'en attrister. C'était le résultat des chagrins de famille que je noyais au fond du verre. D'où me vint cette passion malheureuse qui fit de moi un assassin ?...

Après d'autres détails sur les suites du crime, ce malheureux terminait en disant :

J'éprouve un grand regret de ne pouvoir me justifier davantage et un plus grand regret encore pour la victime... Aussi, quand je tourne les regards en arrière, quelle existence de douleurs et de misère ! Je ne souhaite à personne de passer par de telles souffrances !

Que les jeunes gens qui liront ces lignes les méditent bien et qu'ils en tirent, pour leur conduite privée, de sages et généreuses résolutions : « Le jeune homme qui aura pris de bonne heure la voie mauvaise, s'en éloignera difficilement dans la suite. »

Ce récit que nous transcrivons sans y rien changer, est une sorte de confession, comme l'atteste son auteur : confession, en ce sens que, n'ayant ni le temps ni la franchise de le transmettre de vive voix, il a préféré l'écrire. Le style est celui d'un enfant du peuple, et sa sincérité ne peut que lui valoir, sinon le pardon, du moins la plus large indulgence.

ÉPILOGUE

J'ai fini. Commencé dans les larmes d'une prison, mon livre se termine sur la plate-forme d'un échafaud ou au poteau de Vincennes. Il se termine là où normalement il devait finir, vu l'état actuel de notre société. C'est quelque chose de profondément triste !

« Aimez-vous les uns les autres », a dit le Sauveur, il y a vingt siècles, apportant au monde le bonheur et la paix.

« Aimez-vous les uns les autres », et vous aurez la liberté idéale ; celle qui n'a d'autre limite que celle du voisin. La liberté de l'homme finit au moment où commence celle de son semblable. Au delà, elle ne serait plus la liberté, mais une forme de l'oppression imposant le droit du plus fort, c'est-à-dire la révolte.

Le droit à la liberté est imprescriptible, il est divin. Dieu, qui abhorre le mal, laisse à l'homme son libre arbitre pour le commettre s'il oublie ou s'il méconnaît les préceptes et les lois qui lui montrent le chemin du bonheur. Quel que soit le rivage où nous abordons, ou plus haut ou plus bas, nous portons avec nous, comme un indéfectible attribut, la puissance du bien et du mal... Sans ce don du libre arbitre, l'homme n'eût pu choisir ni aimer dans le sens véritable du mot. « Aimez-vous les uns les autres », et vous aurez la liberté idéale.

« Aimez-vous les uns les autres », et vous verrez le règne de l'égalité des droits et des moyens, la seule possible en ce monde. L'inégalité est dans la nature ; le chêne se développe et grandit aux côtés du frêle roseau ; la forêt abrite le lion féroce et la biche craintive ; l'humanité produit l'inégalité des forces intellectuelles et physiques chez les individus.

L'égalité toutefois doit régner entre les mêmes hommes, quelle que soit d'ailleurs leur condition sociale. A intelligences semblables, il convient de donner les mêmes droits et les mêmes moyens pour la conquête du bonheur. « Aimez-vous les uns les autres », et l'égalité deviendra pour tous un droit naturel.

❄

« Aimez-vous les uns les autres » ; voilà bien la vraie, la seule fraternité, c'est-à-dire le partage réciproque du cœur, des biens et du travail. C'est dans cet amour pour les autres que vous trouverez les joies les plus pures. C'est l'amour d'autrui pour vous-même qui vous rendra heureux. Depuis le Christ, bon nombre d'hommes se disant ennemis de la divinité ou de l'Eglise ont créé des doctrines pour préparer, disaient-ils, le bonheur de l'humanité. On peut les étudier toutes ; de quelque pays qu'elles émanent, elles ne sont que de pâles plagiats de la loi du Sauveur, si clairement et si complètement exprimée dans ces six mots bien connus: « Aimez-vous les uns les autres. »

Au-dessus de la loi, il y a l'humanité, et au-dessus de l'humanité la charité, et la charité est « belle en quiconque l'accomplit, elle est belle dans l'homme qui retranche une heure à ses affaires pour la donner aux affaires de la souffrance. L'homme peut se donner en tant qu'il est intelligence, en tant qu'il est sentiment, en tant qu'il est vie intérieure, et, par conséquent, la charité embrasse le don de soi sous ce triple point de vue ». (Lacordaire.)

Les riches et les puissants établissent les lois, qui gouvernent les pauvres et les malheureux. Mais elles ne sont justes qu'à la condition que les parts seront égales. Le riche n'a le droit d'établir des lois de rigueur soi-disant pour protéger la société qu'à la condition de l'organiser de manière que chacun y puisse trouver la part de bonheur qui lui revient naturellement.

L'homme doit « gagner son pain à la sueur de son front ». C'est la loi portée par Dieu lui-même aux premiers jours du monde, et cette loi atteint tous les hommes sans exception. C'est grâce au travail que l'homme sera heureux. Il n'est donc plus admissible que, dans le degré actuel de perfection de la société humaine, le travail continu ne soit pas assuré à tous.

Les statistiques du travail nous apprennent que l'ouvrier chôme, en moyenne, un jour sur trois. Il a cependant besoin de manger tous les jours, et il n'est pas seul. Il a créé un foyer, une famille, et ses enfants sont nombreux.

Si les choses eussent été de nos jours comme par le passé, que deviendraient les enfants si la mère, pour vivre, se voyait obligée de louer ses services au dehors, le travail à la maison étant trop peu rémunéré, ils seraient alors à la garde de l'aîné ou de quelque voisin complaisant...

Et cependant les parents ont un devoir impérieux et sacré à remplir à l'égard de leurs enfants, devoir social et naturel. Ce devoir pourrait se résumer dans le mot « vigilance » : les parents doivent veiller sur leurs enfants. Puissent-ils ne jamais encourir le reproche adressé par certains de nos détenus à leurs parents « invigilants » ! Disons aussi que la société qui leur impose des devoirs doit, par contre, leur donner les moyens de les remplir.

... Il en est si peu ainsi, que ces riches et ces puissants qui ont créé les lois de châtiment reculent parfois épouvantés de leur œuvre lorsqu'ils en mesurent les conséquences.

Ils auraient le devoir de tendre à l'homme qu'ils ont puni une main secourable justement parce qu'il a souffert, et que le châtiment ne s'explique que par l'excuse qu'il était nécessaire pour la régénération de l'individu. Autrement, il n'est qu'un reste de haine ; et si l'homme peut s'arroger le droit de punir, il ne saurait, en aucun cas, prétendre à celui de se venger.

Mais, loin de venir à lui, ils l'abandonnent, comme s'ils étaient honteux de la loi qu'ils ont faite ; ils le fuient comme un débiteur insolvable fuit son créancier. Et encore, pour n'en être pas importunés, ils affectent de le mépriser.

Le malheureux qui sort de prison croit avoir payé sa dette à la société. Il croit avoir droit à sa place au soleil qui luit pour tous. Quelle erreur ! il reste déshonoré, la société le rejette comme un paria ; c'est un condamné, c'est un repris de justice ! et ce n'est même pas sur lui seul que pèse le poids de ses fautes, quand il les a expiées ; les parents, les enfants mêmes, pauvres innocents, ont leur part dans cette aversion générale.

Et si ce malheureux ne peut trouver du travail, que va-t-il devenir ? Malgré lui, il sera repris par le mal, peut-être commettra-t-il quelque mauvaise action ; il deviendra un révolté.

❊

Quel contraste entre le riche et le pauvre! Pour le riche, tout condamné est un être dégradé ; il porte le poids d'une honte qui le met bien au-dessous des autres hommes. Il a perdu l'estime et la considération du public, quelle que sera d'ailleurs sa conduite ultérieure ; le châtiment qui l'a frappé est comme un boulet rivé à son pied et qu'il devra traîner le reste de ses jours.

Pour le pauvre, le condamné, quel qu'il soit, est plutôt un homme « dans le malheur »... Plus charitable et plus sensible que le riche, que la fortune rend généralement égoïste, il compatit à la peine de celui qui souffre. Souffrant lui-même des misères de la vie, il ne comprend que mieux la misère d'autrui.

Nous savons que des hommes éminents ont rigoureusement combattu, au Sénat, la loi de pardon imaginée par des cœurs généreux. Qu'ils nous permettent de dire que s'ils avaient vécu comme nous auprès des malheureux condamnés, leur opinion serait bien différente.

La morale humaine, telle qu'elle ressort de nos lois, est si imparfaite et si chancelante, qu'elle reste incomprise pour beaucoup de nos détenus.

Lorsqu'ils commettent, soit un simple délit, soit même un crime, c'est, neuf fois sur dix, non de leur plein consentement, mais entraînés par la misère, les mauvaises fréquentations, etc. Ils ne comprennent pas alors qu'ils soient coupables aux yeux d'une société qui tolère les causes qui les poussent au mal. De là, ce cri si souvent entendu dans nos prétoires : « Je suis innocent! » Et, ce qui peut paraître extraordinaire à beaucoup, c'est que certains de ces malheureux disent la vérité.

C'est pour cela que la prison devrait être, avant tout, un lieu de repentance. S'ils ne comprennent pas le mal qu'ils ont fait, qu'ils comprennent, du moins, qu'il y a quelque chose de mauvais dans ce qu'ils sont devenus... Il faut que le coupable se repente parce que c'est là le seul moyen pour lui de se rendre compte du mal qu'il a fait. C'est grâce aussi au repentir qu'il prendra la résolution de faire mieux à l'avenir.

Toutefois, si le repentir semble impossible au révolté, ce n'est pas par des lois rigoureuses, par un régime pénitentiaire dégradant l'individu, par le mépris public qui le suit une fois rendu à la liberté, qu'on parviendra à le régénérer, mais bien par la bonté du cœur et par la générosité du pardon, quand la chose est possible.

La loi du pardon n'est qu'une étape ; d'autres suivront, malgré toutes les oppositions que pourraient apporter certains esprits implacables, parce que la loi du progrès le veut ainsi ; le bonheur de l'humanité est à ce prix. Qu'on ne croie pas que nous outrepassions ici les limites de la raison. La douleur est sainte, et le détenu quel qu'il soit est un être qui souffre, et, par suite, respectable aux yeux de tout humain.

Ceux qui promulguent les lois ont le devoir d'étudier par eux-mêmes toutes ces choses; leurs décisions seraient alors plus humaines et plus vraies et mieux écoutées. Une société organisée pour ramener au bien ces dévoyés obtiendrait de grands et sérieux résultats ; encore faudrait-il de la bienveillance. En montrant au condamné qu'il n'est pas déchu de son rang d'homme, qu'il est un peu plus qu'un simple « numéro », et que la société, une fois sa faute expiée, l'accueillera de nouveau dans son sein et oubliera généreusement l'infraction commise, tout ira au mieux. L'esprit d'humanité est un esprit d'amour ! Que nos lois s'en pénètrent et que ce principe guide nos magistrats dans l'application des peines...

Pour ce qui est de l'exécution des peines, nous la concevons d'une façon bien différente de celle adoptée par nos législateurs. Si nous avons, dans notre livre, laissé la parole à nos détenus, c'est qu'il nous a paru préférable de faire révéler les causes du mal par ceux-là mêmes qui l'ont commis. Les opinions diffèrent, mais la conclusion demeure toujours la même.

C'est par le travail qu'on régénère l'individu ; c'est en lui assurant une vie laborieuse et continue qu'on le conserve utilement pour la société.

De nombreux exemples montrent le caractère des coupables et les causes vraies de leurs fautes. Notre civilisation moderne a fait de nous des unités évoluant dans une société extraordinairement réglementée, minutieusement policée, où la moindre infraction, le plus petit écart est aussitôt et sévèrement réprimé. On ne peut cependant pas exiger de tous les individus cette observation rigide des lois. Est-ce que le père de famille peut appliquer le même genre d'éducation à tous ses enfants ? N'est-il pas suffisamment reconnu qu'une simple réprimande suffit à l'un ; que la punition est nécessaire à l'autre ; le pardon le plus efficient pour corriger la mauvaise action du troisième et l'en préserver à l'avenir ? La société est une grande famille soumise aux mêmes lois naturelles. De tout temps, il y a eu et il y aura toujours des caractères entreprenants, aventureux, fantasques et bizarres. Ceux-ci jadis ont formé la phalange des guerriers, des marins, des explorateurs. Ces caractères hardis, énergiques, intrépides, ces « risque-tout » ont bien souvent fait la gloire de leur pays.

Peut-être qu'en restant chez eux, ils auraient tourné vers le mal ce trop-plein d'activité, et leur carrière alors se serait terminée par quelque « cravate de chanvre ». Tandis qu'en se plaçant dans un milieu plus large, sans réglementation étouffante, ils ont pu servir et leur pays et eux-mêmes. Ne doit-on pas se demander si aujourd'hui on ne pourrait adopter quelque « déversoir » pour toute cette population trop énergique pour vivre dans notre atmosphère surchauffée et surtout pour y prospérer ?

Il ne s'agit pas là d'une idée plus ou moins utopique ; tout au contraire, après mûre réflexion sur cette question, guidé aussi par l'expérience, nous sommes arrivé à conclure que le vrai moyen de préserver la société, la seule solution pratique serait de transporter résolument hors de la métropole toute cette masse soit pour un temps, soit à titre définitif et à la volonté du détenu. Par là même, on décongestionnerait nos prisons dont le personnel des détenus s'augmente chaque jour.

Nous possédons d'immenses territoires en Afrique, par exemple, qui demandent à être colonisés ; cette population ne pourrait-elle pas y trouver du travail et le moyen de s'enrichir tout en enrichissant la mère-patrie ? Il ne serait vraiment pas difficile de créer quelques exploitations modèles s'alimentant avec la main-d'œuvre pénale obligée pendant un an au moins, et même plus, si la peine est plus forte, à un travail non plus bénin et de nul rapport comme celui des prisons et même des bagnes, mais, tout au contraire, à un travail rude, sans doute, mais bien rémunéré.

A l'expiration de la peine, le détenu, qui aurait vécu en liberté, qui aurait eu le droit d'appeler auprès de lui sa famille (pourvu qu'il puisse la nourrir par son travail), aurait pris goût à cette vie de colon dont il aurait fait l'apprentissage obligatoire. Il pourrait rester dans la colonie, soumissionner quelque exploitation pour l'entreprendre à son propre compte et recevoir l'avance du matériel et du bétail nécessaires pour cela.

Cette idée est si peu utopique qu'elle n'est pas nouvelle. Depuis plus d'un siècle, elle a été appliquée par nos voisins. L'Amérique et l'Australie n'ont-elles pas été colonisées, au début, par les « convicts » et autres condamnés envoyés par la mère-patrie : l'Angleterre. Les sept dixièmes de la population blanche de la Nouvelle-Calédonie ne se sont-ils pas constitués par d'anciens relégués ou leurs descendants ? La seule innovation réside dans le temps et la méthode : au lieu d'abrutir le relégué par un travail insignifiant dans les bagnes, on l'obligerait, tout au contraire, à un travail effectif, mais productif, et, au lieu de lui laisser pendant de nombreuses années ce titre de relégué qui le dégrade, on l'émanciperait dès qu'il aurait justifié par son travail qu'il est capable de gagner sa vie dans la colonie. Nul n'a le droit de se plaindre de l'obligation pour lui de travailler, dès l'instant qu'il est rémunéré en proportion de son travail. « L'homme doit gagner son pain à la sueur de son front. » C'est la loi divine et générale.

Plus de prison par trop prolongée, plus d'isolement, plus de séparation brutale de ces êtres d'une même famille, mais la punition de l'infraction commise par l'obligation de travailler pour la société dans une exploitation modèle pendant le temps fixé par le jugement, après le double avertissement de sa loi de pardon et de sursis, si le sujet en est digne et si l'infraction est peu grave, mais aussi la régénération de l'individu par son travail ; la possibilité pour lui de gagner sa vie sûrement et de devenir patron lui-même.

Que cette solution soit adoptée ou une autre, peu importe, dès l'instant qu'elle conduit aux mêmes résultats. Ce qui est nécessaire, c'est de prendre sans plus de retard des mesures décisives pour arrêter l'armée toujours grandissante du crime et du simple délit.

C'est une véritable folie de croire qu'on pourrait y parvenir en multipliant les mesures de répression. C'est un acte contraire à l'esprit d'humanité de rechercher la solution dans l'aggravation des peines...

La population pénale coûte cher au pays; elle peut, elle doit être productive. La France s'honorera en enlevant à tout citoyen le droit au mal au nom de la misère ; elle peut le faire : ses territoires sont assez vastes pour nourrir toute la population et pour réserver aux énergies tumultueuses leur déversoir. Elle peut substituer à l'armée des malfaiteurs d'aujourd'hui qui grèvent son budget sans profit pour personne une armée de pionniers et de colons qui s'amenderont avec ce pouvoir de vivre, s'enrichissant eux-mêmes en faisant la fortune et la gloire de leur patrie. Elle peut le faire, et elle le fera.

915-22. — Imp. Paul Feron-Vrau, 3 et 5, rue Bayard, Paris-8e.

Collection scientifique

Volumes in-8° à deux colonnes, richement illustrés papier luxe. Chaque vol. broché : 3 fr.; port, 0 fr. 45; relié : 6 fr.; port, 0 fr. 60.

HENRI ROUSSET

Notre Pain quotidien.

Un vol. de 96 pages, avec 125 illustrations.

La terre et ses secrets. — Le bon grain. — Le blé qui lève. — La moisson. — Du grain à la farine. — Notre pain.

A. ACLOQUE

Les merveilles de la Vie végétale.

Un vol. de 102 pages, avec 100 illustrations.

Les aliments de la plante. — Rapports avec le voisin. — Les moyens de défense. — La fleur. — Perpétuation de l'espèce. — La sensibilité végétale. — Les bienfaits des plantes. — Variabilité de l'espèce végétale.

Les merveilles de la Vie animale.

130 gravures.

LUCIEN FOURNIER

La Parole.

Un vol. de 112 pages, avec 120 illustrations.

Le larynx. — La voix. — Le son : l'oreille et l'audition. — Exploration des organes émetteurs de la parole. — Histoire du téléphone. — Téléphonie privée et publique. — La téléphonie automatique. — Quelques idées générales.

MARCEL HEGELBACHER

Comment le rail a vaincu la distance et l'altitude.

Les chemins de fer, des origines à nos jours.

Un vol. de 110 pages, avec 110 illustrations.

Historique des chemins de fer. — Les chemins de fer normaux : leurs grandes divisions. — Les chemins de fer de montagne. — Les chemins de fer spéciaux.

JEAN ET HENRI ROUSSET

Sa Majesté le Fer.

Un vol. de 120 pages, avec 125 illustrations.

Les mines. — Fonte, fer, acier. — Le fer et sa cour. — Comment on travaille le métal. — Ce qu'on en fait.

HENRI ROUSSET ET ERNEST HANNOUILLE

L'habitation humaine à travers les siècles.

Belle illustration pittoresque et scientifique.

LECTURES CHOISIES

Beaux in-8° de 100 à 200 pages, tous richement illustrés. **L'un, 3** francs; port, 0 fr. **45**; 7 exemplaires pour 6; 15 pour **12**; 70 pour 50; 150 pour 100.

Voici quelques titres :

PIERRE L'ERMITE : **Restez chez vous** (40e mille). — **La Grande Amie.** Ouvrage couronné par l'Académie française (83e mille). — **L'Emprise** (65e mille). — **Les Deux Mains** (33e mille). — **Et de quatre!** (20e mille). — **Toujours Elle!** (25e mille). — **Lisez-moi ça!...** (20e mille). — **Le Soc** (30e mille). — **La Brisure** (60e mille). — **Le Grand Mufflo** (30e mille). — **Et ça!...** (20e mille). — **La Trouée** (15e mille). — **Visions aiguës de guerre** (120e mille). — **Comment j'ai tué mon enfant** (70e mille).

ROGER DUGUET : **Après l'Option** (31e mille). — **Au Drapeau!** (20e mille).

CHARLES BAUSSAN : **Fleurs de paix, fleurs de guerre.**

CHARLES DE VITIS : **Suzanne la Doctoresse** (20e mille).

J. DES VERRIÈRES : **Alors, ils le reconnurent** (27e mille).

HENRIETTE DE VISMES : **Lettres sans réponses.**

LUCIEN DONEL : **Le Chardon bleu** (10e mille).

ERNEST DAUDET : **Dans la Tourmente** (33e mille). — **Au temps de l'Empereur** (30e mille). — **En 1815.** — **Fils d'émigré** (30e mille). — **Beau-Casque** (22e mille).

JEAN VÉZÈRE : **Le Journal d'un potache** (23e mille). — **Des fleurs sur la route** (8e mille).

MARIE BARRÈRE-AFFRE : **L'heure de grâce** (8e mille). — **La révolte du bronze** (8e mille).

MAX COLOMBAN : **Contes de la cocarde blanche** (8e mille). — **Raoul de Vertfaucon** (8e mille). — **L'Héritage de l'oncle Corentin.** — **Les trois Filles de Messire Erembert.** — **Olivette et Miguelito.**

M. DELLY : **La Colombe de Rudsay-Manor** (13e mille). — **Sainte-Nitouche** (11e mille).

CHARLOTTE MAYVAL : **Addi la petite Caporale** (10e mille). — **Au temps jadis,** récits et légendes (8e mille).

NALIM : **L'Imagier du duc Jean** (10e mille). — **L'Esclave blonde** (10e mille).

ANNE RIMAC : **Francisco** (10e mille).

J. ROMAIN LE MONNIER : **Sonnez encore!...**

FRÉDÉRIC PLESSIS : **Saint-Exupère-les-Châsses** (20e mille).

PIERRE BILLAUD : **Au moulin de Virelune.** Scènes de la Vendée angevine (10e mille).

HENRI CARRÈRE : **La vraie lumière** (15e mille).

PAUL HEUZÉ : **Le Diadème de cristal.**

JEAN VIOLA : **Quelques braves gens** (20e mille).

GUSTAVE HUE : **Quand l'été s'annonce** (20e mille.

JEAN MAUCLÈRE : **La voie qui monte.**

AGRICULTURE

Manuel pratique des institutions sociales agricoles, par le comte de Laubier, membre du Conseil de l'Union centrale des Syndicats des agriculteurs de France, président de l'Union des Syndicats agricoles bretons, et le comte J. Du Plessis, professeur à la Faculté libre de droit et à l'Ecole supérieure d'agriculture d'Angers. Lettre-préface du comte Albert de Mun, de l'Académie française. Ouvrage couronné par l'Académie française. — In-8° écu, 360 pages. — Prix, **6** francs. Port, **0** fr. **60.**

Causeries sur l'agriculture en général, par Un Petit Laboureur. — In-12, 208 pages. 3° mille. — Prix, **2** francs. Port, **0** fr. **45.**

Cet ouvrage contient, en 17 causeries, un traité complet d'agriculture générale et un tableau de chacune des cultures agricoles pratiquées en France.

Calendrier agricole pour chaque mois, par Henri Espinasse. — In-12, 178 pages. 2° mille. — Prix, **2** francs. Port, **0** fr. **30.**

Pour l'agriculteur expérimenté comme pour le novice en culture, c'est un aide-mémoire précieux.

Recettes agricoles, recueillies par Henri Espinasse. — In-12, 140 pages. 3° mille. — Prix, **2** francs. Port, **0** fr. **30.**

La Vigne. *Notes et conseils,* par Un Petit Laboureur. — In-12, 250 pages. 2° mille. — Prix, **2** francs. Port, **0** fr. **45.**

Notes pratiques écrites par des hommes du métier, tout dévoués aux laboureurs.

Le Vin. *Notes et conseils,* par Un Petit Laboureur. — In-12, 250 pages. 8° mille. — Prix, **2** francs. Port, **0** fr. **45.**

Dans ce livre, il est question des produits de la vigne : vin, eau-de-vie, marcs, lie, vinaigre, et même du raisin comme dessert et comme médicament, mais surtout du vin.

Le Cidre. *Notes et conseils,* par Un Petit Laboureur. — In-12, 134 pages. 2° mille. — Prix, **2** francs. Port, **0** fr. **30.**

Plantes de serre. *Reproduction, multiplication des plantes d'orangerie et de serre froide, leur culture,* par Un Ancien Horticulteur-Fleuriste, ancien professeur d'horticulture. — In-12, 276 pages. 3° mille. — Prix, **2** francs. Port, **0** fr. **45.**

Manuel de médecine vétérinaire, par P. Adenot. — In-12, 236 pages. 10° mille. — Prix, **2** francs. Port, **0** fr. **30.**

L'art de créer des races nouvelles : *Fleurs, fruits, légumes,* par l'abbé Paul Fournier. — 96 pages. — Prix, **1** fr. **75.** Port, **0** fr. **15.**

DOCTRINE ET PIÉTÉ

Collection Bijou.

Manuel général pour le « Calendrier des Indulgences plénières », par le chanoine Rothe.

Les Indulgences les plus usuelles.

Les Indulgences apostoliques : *sommaire officiel du 28 août 1903.*

Les Indulgences du Rosaire.

Les Indulgences augustiniennes.

Méthode pour méditer pendant la récitation du Rosaire.

L'art de faire oraison, par l'abbé Lemaire.

Je ferai mes Pâques, par Maurice des Aubrais.

Règlement de vie chrétienne.

Appel du Sacré Cœur à la France chrétienne.

La Voix dans la nuit (*Conseils aux malades.*)

Courtes méditations pour le Chemin de la Croix.

Chacun des volumes précédents : Broché, 0 fr. 35; port, 0 fr. 05.

Comment il faut aimer le Bon Dieu.

La douleur calmée, par l'abbé Clément.

Adoro te : *Méditations pour la fête et l'octave du Très Saint Sacrement*, par Mgr Pio Alberto del Corona, O. P., archevêque de Sardique.

Le Secret du curé d'Ars, par A. Goutay.

Chacun des volumes précédents : Broché, 0 fr. 50; port, 0 fr. 05.

Remises sur un même ouvrage pris par quantités : 7/6, 15/12, 70/50, 150/100, port en sus.

NOUVELLE SÉRIE BIJOU

Collection de Romans.

Chaque volume broché, 2 francs ; *port,* 0 fr. 30.

Une Gerbe de légendes, illustré, CH. D'AVONE.

Un Mariage sous la Terreur, illustré, A. DE BESANCENET.

Le Franc-Maçon de la Vierge, illustré, FL. BOUHOURS.

Après la haine. — Face au devoir. — Le Broyeur d'hommes (3 volumes), EDMOND COZ.

Les Secrets de la Guerre, JEAN DAUREL.

Anita. — Fille de Chouans. — Fleurs du Foyer, Fleur du Cloitre. — Le Roi des Andes. — Le Testament de M. d'Erquoy (en tout 5 volumes), M. DELLY.

Pendant la grande guerre (2 volumes), PAUL DESCHAMPS.

Le Page de Charles-Edouard, A. DOURLIAC.

Par le dur Chemin, JEAN DUCLUZEAU.

L'Amazone blanche, ROGER DUGUET.

Jean Chouan, R. DUGUET et J. ROCHEBONNE.

La Torpille souterraine, R. DULY et M. LELEUX.

Le Pain de chez nous, MARGUERITE D'ESCOLA.

Fin de race, R. DES FOURNIELS.

Un secret, D. FRADIN.

Les Bijoux de la Princesse, RENÉ GAËLL.

Sans Patrie (2 volumes), R.-M. GOURAUD D'ABLANCOURT.

Bernard de Flée, PIERRE GOURDON.

Fleurs des Landes, MAXIME DU HOIRS.

Fleur de Montagne. — Les Secrets de Vandeure (en tout 2 volumes), MARIE LE MIÈRE.

La Chevauchée des Reitres, CHARLES LESBRUYÈRES.

Haines vaincues, M. LEVRAY.

Le Château de Pontinès, V. MAG.

Le Moulin du Grand-Bé, RICHARD MANOIR.

Le Steppe blanc, MARIECH.

Hors de l'Ornière, M. DE MENOU.

La Maitresse de piano, FLORENCE O'NOLL.

Les deux Maitres, M.-JOSEPH PINET.

Le Maitre du Rouvray, J. ROMAIN LE MONNIER.

Morte pour revivre. — L'arbre de Judée, G.-M. ROUSSEAU.

Les Aventures merveilleuses du clown Trois-Pommes, P. SEGONZAC.

Clos-Joli. — L'Ile bleue. — Huguenette, la fille de l'Imagier. — La Tour-Vive (en tout 4 volumes), G. THIERRY.

Leur Péché. — Les oiseaux sur la branche (en tout 2 volumes), JEAN VÉZÈRE.

L'Engrenage, JEAN VIOLA.

www.ingramcontent.com/pod-product-compliance
Ingram Content Group UK Ltd.
Pitfield, Milton Keynes, MK11 3LW, UK
UKHW022109260726
13993UKWH00001B/396